井戸尻の縄文土器 ⑥

九兵衛尾根遺跡 2～31号、籠畑遺跡 7～10号住居址 出土土器

長野県富士見町井戸尻考古館　編著

テクネ

長野県富士見町井戸尻考古館

　八ヶ岳西南麓では縄文時代（約8000～2300年前）の生活文化を伝える遺跡がこれまで多数発掘されてきました。館内には、富士見町内で発掘調査した資料のうち、二千点余りの土器や石器が年代順に並べられ、その移り変りや用途を知ることができます。また、住居展示や食物・装身具なども併せて展示し、一見すればわかるように工夫されています。また、土器や土偶など図像の解読で明らかになった当時の宗教観や世界観・神話なども意欲的に解説しています。

　館外には、5300平方メートルの敷地に配石遺構のほか、栽培作物圃場・石器材料岩石園を設け、当時の食生活や農具の究明を行っています。また、史跡井戸尻には復元家屋が建ち、涸れることのない湧水の音に耳を傾けると、しばし縄文の世界に浸ることができます。考古館の隣には、この地域の民俗資料を収集した歴史民俗資料館が併設されています。

- 場所：〒399-0101 長野県諏訪郡富士見町境７０５３
  TEL：0266(64)2044　FAX：0266(64)2787
  E-mail：idojiri@town.fujimi.lg.jp
  URL http://www.userweb.alles.or.jp/fujimi/idojiri.html
- 開館時間：午前９時～午後５時 (休館日：月曜日・祝日の翌日・年末年始)
- 鉄　道：ＪＲ中央本線信濃境駅下車 徒歩１５分。
- 自動車：中央自動車道小淵沢ＩＣより信濃境方面へ６Ｋｍ　約１５分。
  国道２０号線上蔦木信号より信濃境方面へ２Ｋｍ上る　約５分。

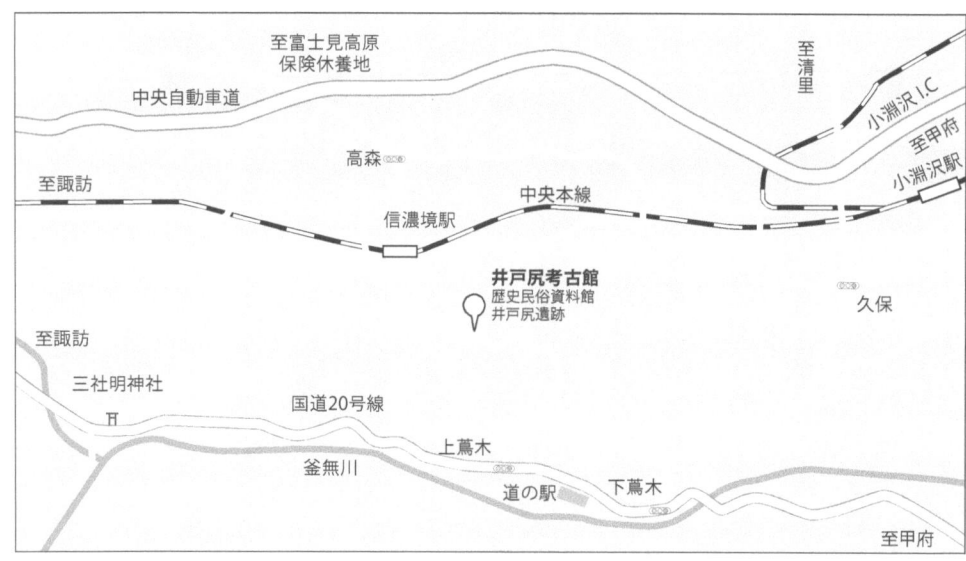

井戸尻の縄文土器 ⑥　九兵衛尾根遺跡２～31号、籠畑遺跡７～10号住居址 出土土器　カラー版
Jomon Potteries in Idojiri ⑥　Kyubeione Ruins Dwelling Site #2～31, Kagobata Ruins #7～10 Color Edition

編者：長野県富士見町教育委員会 井戸尻考古館	Edited by Fujimi-cho Board of Education Idojiri Archaeological Museum
初版発行：2017年6月16日	1st Edition: Published on 16 June, 2017
印刷製本：CreateSpace, An Amazon.com Company	Printed by CreateSpace, An Amazon.com Company
発行所：株式会社テクネ	Published by Texnai, Inc.
〒211-0051 神奈川県川崎市中原区宮内 4-7-3-505	4-7-3-505 Miyauchi, Nakahara-ku, Kawasaki City,
Tel:044-863-9545 Fax:044-863-9597	Tel:81-44-863-9545 Fax:81-44-863-9597
e-mail:texnai @ texnai.co.jp　http://www.texnai.co.jp/POD/	
© 長野県富士見町教育委員会井戸尻考古館、2017	© Fujimi-cho Board of Education Idojiri Archaeological Museum, 2017

ISBN 978-4-908381-67-6

例　言

　井戸尻考古館では、主として縄文土器・土偶に関し、かねてより発掘資料の画像データベース化を進めてきたが、この度、一般向けに遺跡別の図録をオンデマンド出版のかたちで刊行することになった。本書はその第六巻で、九兵衛尾根遺跡の第2号・3号・10号・31号住居址の他、籠畑遺跡の第7号・8号・9号・10号住居址と遺構外出土の主要な縄文土器14点を収録したものである。ただし狢沢遺跡5号住居址については、現在編集中の『九兵衛尾根遺跡発掘調査報告書』において、九兵衛尾根遺跡の遺構として整理されている。現段階では遺構番号が確定していないため、（狢沢第5号住居址）と表記している。

　遺跡ならびに土器の解説については、1964年に刊行した藤森栄一編『井戸尻』、1967年に富士見町教育委員会が刊行した『籠畑遺跡調査報告書』から抜粋、若干の編集をほどこして転載した。土器については小林公明の研究に基づく現在の井戸尻考古館の図像論的解釈について、小松隆史が記述した。

　土器実測図は、九兵衛尾根遺跡は現在編集中の発掘調査報告書に掲載予定のもの、籠畑遺跡は、調査報告書掲載の図を、井戸尻考古館の小林美知子が再トレースした。

　写真については画像データベース構築の際に撮影した多視点画像のうち、土器ごとに3点を選び、1ページに1点という方針で割り付けた。以下、解説、図、写真の著作者、表記について記す。

1．解説執筆者：藤森栄一・宮坂英弌（『井戸尻』）・武藤雄六（『籠畑遺跡調査報告書』）・小林公明（『長野県史』）・小松隆史
2．実測図作成
　　実測：小池敦子・渋井智子・山中絵里子
　　製図：小林美知子
3．多視点写真撮影：関浩明・平出教枝・鳥居　諭・深沢武雄／株式会社テクネ
4．表記方法は以下の通り。
　　1）方位は磁北を指す。
　　2）土器データ最終行のＩＤ番号は、井戸尻考古館画像データベースのＩＤ番号である。
5．制作：深沢武雄・平出教枝・鳥居　諭（画像処理）・浜崎　伸（OCR）／株式会社テクネ

目　次

九兵衛尾根遺跡の発掘調査	5
籠畑遺跡の発掘調査	8
図録	
陰文深鉢（いんもんふかばち）	14
みづち文深鉢（みづちもんふかばち）	18
みづち文深鉢（みづちもんふかばち）	22
半人半蛙文深鉢（はんじんはんあもんふかばち）	26
深鉢（ふかばち）	30
深鉢（ふかばち）	34
みづち文深鉢（みづちもんふかばち）	38
深鉢（ふかばち）	42
みづち文深鉢（みづちもんふかばち）	46
深鉢（ふかばち）	50
深鉢（ふかばち）	54
山形口縁台付状鉢（やまがたこうえんだいつきじょうばち）	58
山形口縁台付状鉢（やまがたこうえんだいつきじょうばち）	62
深鉢（ふかばち）	66

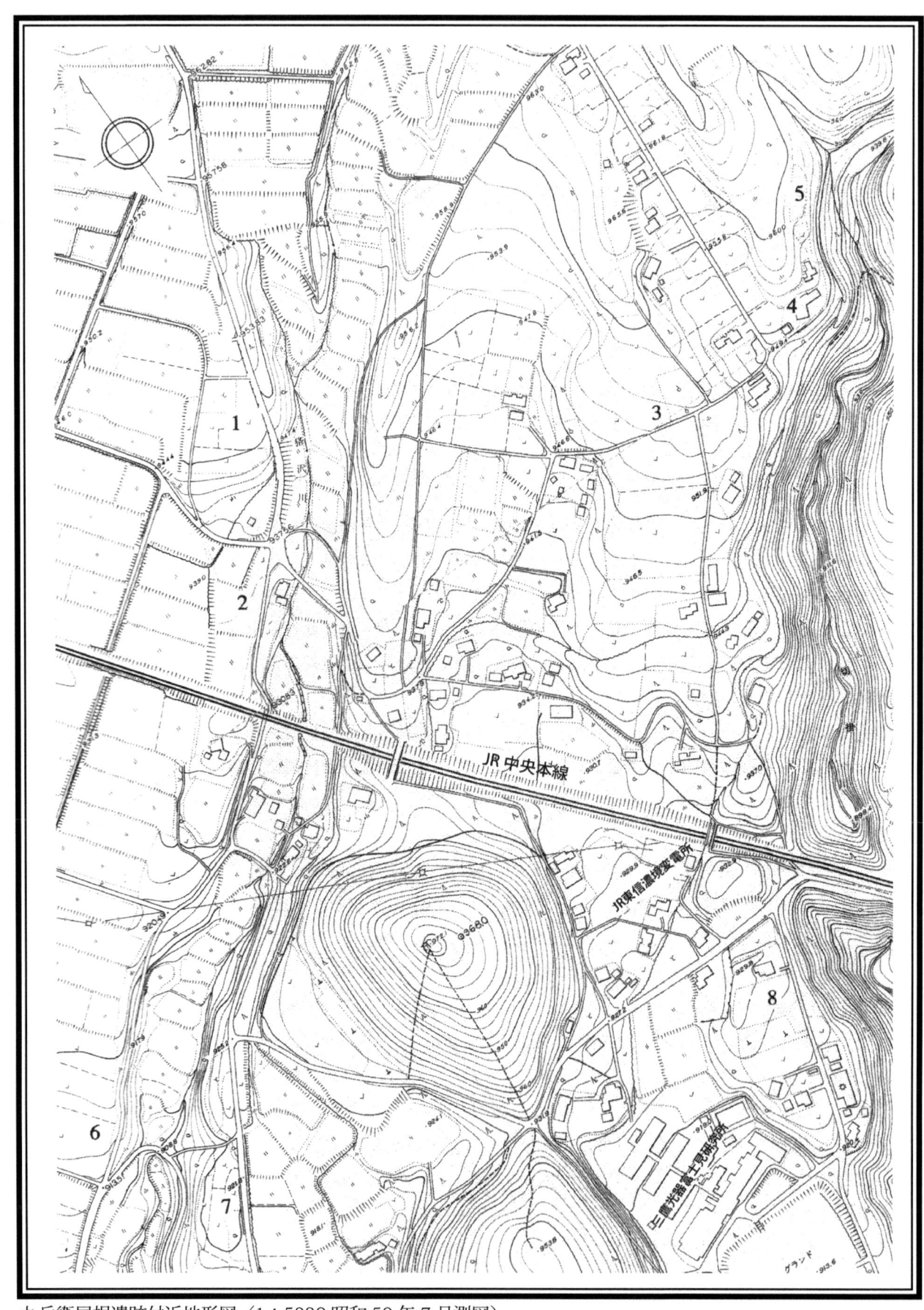

九兵衛尾根遺跡付近地形図〈1:5000 昭和50年7月測図〉
1.九兵衛尾根 2.狢沢 3.藤内 4.新道 5.籠畑 6.唐渡宮 7.居平 8.森平

九兵衛尾根遺跡の発掘調査

第1次・第2次発掘調査

藤森栄一編『井戸尻』(1964) より

　九兵衛尾根遺跡は、烏帽子部落の北方500メートル、南流して釜無川に注ぐ狢沢川の西岸で、中央線信濃境駅から、線路沿いに、西方狢沢川をわたった標高950メートルの台地上にある。この台地は、東西の幅100メートル、南北の長さ150メートルで、その丘陵全域が遺跡である。

　昭和27年、落合中学校の一生徒が、たまたまここに完形土器を発見したことから、同7月と10月とに、落合中学校職員生徒により住居址2基を発掘調査した。その詳細については「日本考古学年報5」に報告がある。

　越えて昭和34年3月には、井戸尻遺跡保存会が調査を計画し、住居址6個を発掘した。発掘には筆者および同会委員一同と、清陵高校、深志高校、諏訪実高など、各校の地歴部員が参加した。

　住居址の配置は、南傾する舌状台地の西隅に、1号・2号、東南隅に3・4号、そして、台地上方の北辺には、5・6・7・8号が、重複して存在した。なお、この台地の東辺中央には、狢沢遺跡の、3号から7号に至る5個の住居址が重複存在して発見されている。また、武藤雄六が後述する9号住居址は、遺跡の東南端の、3号住居址に接して発見された。

　そして、これらの住居址によって囲まれた舌状台地の中央部50×40メートルの範囲内からは、目下のところ、住居址の発見をきいていない点についても深い注意を払う必要がある。

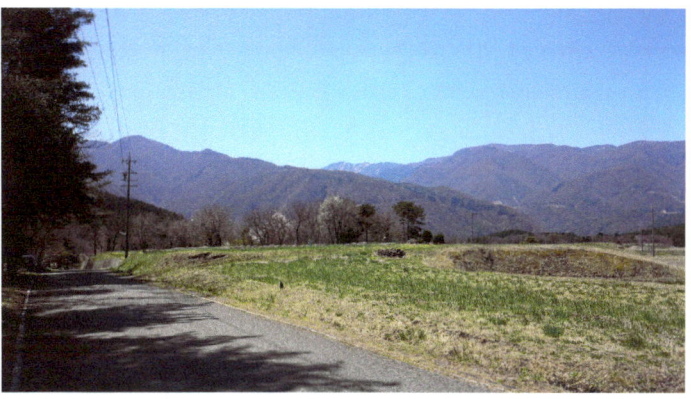

現在の九兵衛尾根遺跡（北より）

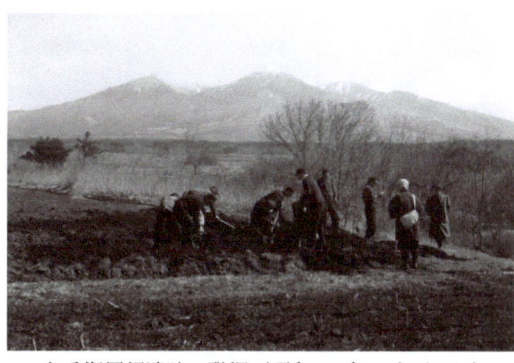

九兵衛尾根遺跡の発掘（昭和34年　南西より）

第2号住居址

　1号址の西北5メートルにある。平面プランは、南北6.8メートル、東西5.7メートルの楕円形、西と南の壁裾は、床面の中心部よりやや高くなっている。そして、中央やや西寄りに、20センチ掘り込んだ径50センチの竪穴炉址があり、北側にのみ石皿の断片が据えられている。炉底は相当に火熱を受けた痕跡をとどめて赤化している。柱穴は11個、うちP1～P6までの6個は、主柱穴と思われ、それぞれ、ほぼ、1.8メートルの等間隔で掘り込まれている。また、P4・P5・P6を結んだ周溝がある。

　遺物には、炉址周辺から土偶2点、土器は復原可能なもの6、石器としては、打石斧39点、同破片34点、磨石斧完形2点、破片2点、凹石14点、石皿は破片を合わせて3点、石弾3点、石匙2点、石錐1点、他に石鏃1点がある。

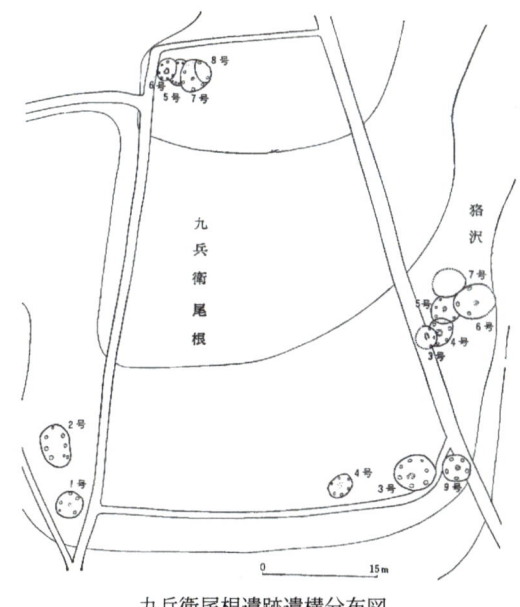

九兵衛尾根遺跡遺構分布図

第1、第2号の出土品は、久しく落合中学校に保管されていたが、その後、土器・石器の一部をのぞき所在を失い、今回の再調査に当たって八方捜査したが、大部分の遺物の行方がわからなかったのは残念である。とくに第1号竪穴出土の、小形な壺を片手で抱え腹を片手で押えた土偶と、頸部以上の結髪の完備した顔面の土偶、さらに、第2号竪穴出土の中空球形の土偶のかって例をみない大首－それと両腕を含めた胴部との合計4例は、まことに傑出した資料であったが、今となっては既にいたし方なく、宮坂の報告文「八ヶ岳山麓出土土偶の新資料四例」(信濃5巻8号)が、唯一の参考文献となって残ることとなった。

　なお、大土偶の中空顔面は、南壁に沿って円塊岩一個があり、その裾に盤石一枚を敷いた個所があって、そのやや離れた地点から出土した。それはちょうど床上20センチに位置して、あたかも、盤石上に奉祀してあったものが転落した姿勢で出土した。特記されるべきであろう。

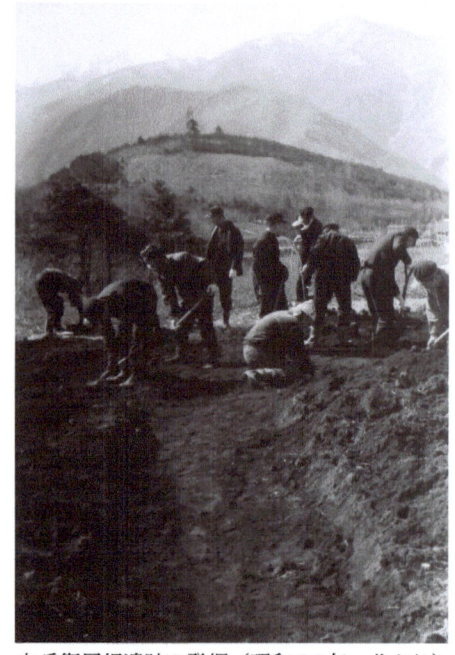
九兵衛尾根遺跡の発掘（昭和34年　北より）

第3号住居址

　舌状台地の東南隅にあるもので、南傾の地に設けられたためか、片竪穴の住居址である。東西6メートル、南北5.1メートルの楕円形プランをとっている。床の中央からやや西寄りには、径72センチ、深さ25センチの竪穴炉が掘られ、これに浅鉢形土器が、両側から2個の盤石にはさまれて出土している。形式は九兵衛尾根Ⅱ式である。周囲には炭屑が多く散乱していた。床は堅緻で、周溝はない。柱穴は12個発見されている。このうち炉の北に穿たれたピット内からは、完形土器(ID-004)1点を出土させている。型式は、これも九兵衛尾根Ⅱ式に属している。

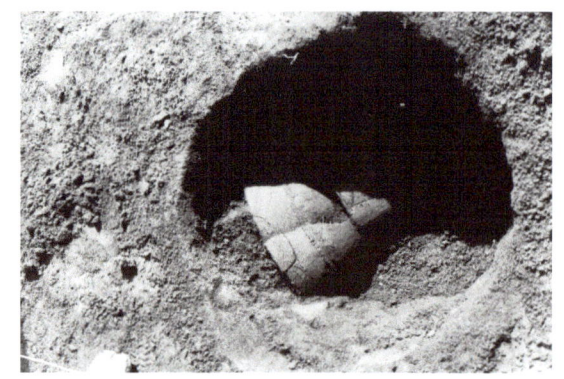
九兵衛尾根遺跡第3号住居址（ID-004）の土器

　出土品は、2点の完形土器の他に、打石斧8点、凹石6点、石槍1点、石鏃5点である。次に第3号竪穴には、はっきりと層位をもって編年的に別けられるべき、上層の住居址面があって、しかも、この住居址からは、全く一時期に属する6個の完形、および復原土器を出土している。そして、この一群の土器はすべて1型式で、新道式に属するものであった。九兵衛尾根Ⅱ式と新道式との相互関係を明示する編年資料としては、最高の資料というべきものであった。

第3次・第4次発掘調査

　昭和47（1972）年と49（1974）年には九兵衛尾根の緊急発掘が行われた。2回とも周辺水田地区の構造改善事業に伴う農道拡幅及び一部水田化のためであり、尾根の東縁を通っている現道路を中心に7m前後、ないしは最大15m前後の幅で長さ150mにわたる面積について実施した。その結果、中期前半各時期の住居址41軒、小竪穴もしくは土壙、当時のゴ

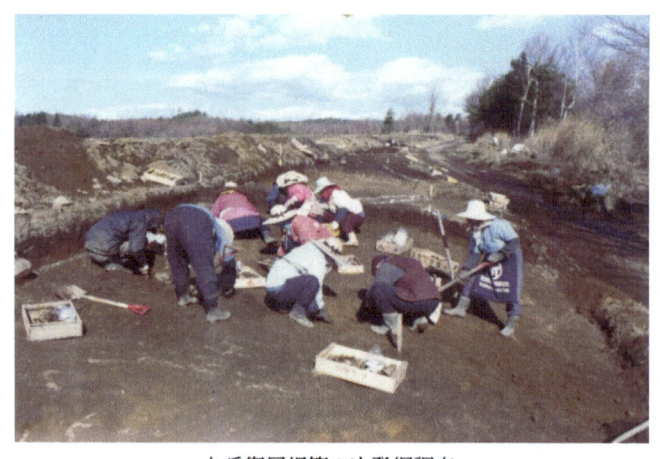
九兵衛尾根第3次発掘調査

ミ捨て場などが現れた。これによって最も遺構が稠密な集落東縁の状況が明らかになった反面、遺跡の重要な部分を失うこととなった。

（中略）

九兵衛尾根1～4号住及び9号住は、単独な住居址であるが、5～8号住と狢沢3～7号住は一連の重複関係にある。ただし九兵衛尾根3号住は上下二面に重複する2軒分の住居址であった。それらの時期を古い順に記すと、九兵衛尾根Ⅰ式期－5号住、同Ⅱ式期－3号住下層・狢沢6号住、狢沢式期－4・7号住・狢沢7号住、新道式期－3号住上層、藤内Ⅰ式期－1・2・8・9号住・狢沢5号住、井戸尻Ⅰ式期－6号住・狢沢4号住、曽利Ⅰ式期－狢沢3号住となる。

住居形態の大きな特徴を追うと、九兵衛尾根式期の住居はわりと浅く埋甕炉がある。特に5号住では4個の火壺をもっていた。次の狢沢式期も必ず1個の埋甕炉をもつが、一転して住居の掘り込みは深く小形な竪穴が多い。藤内Ⅰ式期では一部に埋甕炉が残るが小形の方形石囲い炉が主流となり、藤内遺跡のところでふれたように住居の床が内床と外床の二段構造となる。重複のない2号住がそうであったほか、次に述べる遺跡東縁の発掘で多数みられた。井戸尻Ⅰ式期では石囲い炉が円形にかわる。

ところで、以上は昭和30年代までの発掘によるものであり、時を経た47・49（1972・74）両年に遺跡東縁の農道に沿って41軒の住居址ほかの遺構を発掘した。住居址総数を含め所属期の最終確定はできていないが、その内訳は九兵衛尾根式期11・狢沢式期3・新道式期4・藤内Ⅰ式期8・同Ⅱ式期6・井戸尻Ⅰ式期5・同Ⅲ式期4となっている。この調査によって遺跡の北端から東縁の状況が明らかとなった。そこで両者の数値を勘案すれば各時期6軒程度、藤内Ⅰ式期のみずば抜けてその倍数の住居が発掘されていることになる。従って未発掘部分と古く開田によって煙滅している西縁の面積を考慮して、この2～2.5倍が九兵衛尾根遺跡の規模と推定できよう。それは藤内Ⅰ式期を頂点として中期の最初頭から中期末まで連綿と営まれた一大馬蹄形集落を彷彿させるに十分なものである。

（小林公明 「九兵衛尾根遺跡・狢沢遺跡・藤内遺跡・籠畑遺跡・新道遺跡」『長野県史』）

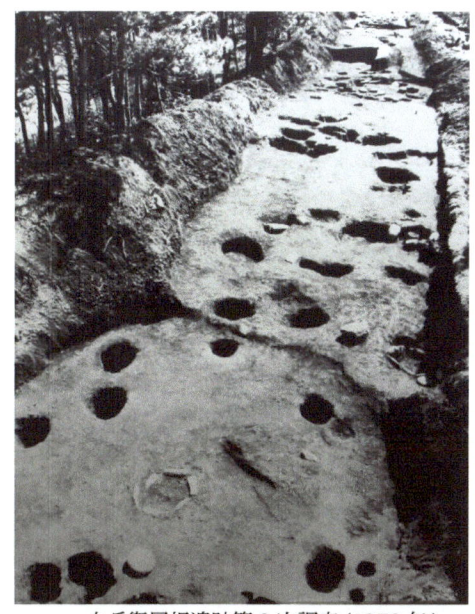

九兵衛尾根遺跡第3次調査（1972年）

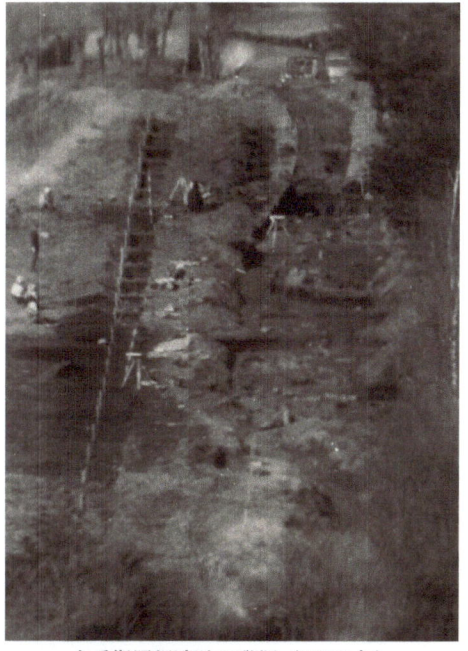

九兵衛尾根遺跡の発掘（1972年）

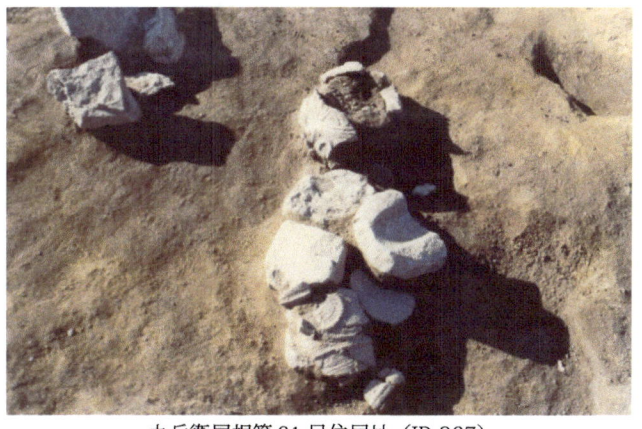

九兵衛尾根第31号住居址（ID-067）

籠畑遺跡の発掘調査

富士見町教育委員会『籠畑遺跡調査報告書』より

まえがき

　籠畑遺跡は，長野県諏訪地方における縄文時代前期末から中期初頭への移行期に属する極めて重要な遺跡の一つである。かつて、新道遺跡として紹介された遺跡とは台地を背に地続きの関係にある。

　この遺跡は、戦後まもなく行なわれた自作農創設事業の一環として、当時山林であったところを開墾した時の発見になる。開墾当時から多量の土器類が発見されていたが、ほとんどかえりみられずにすぎた。その後、昭和28年台地の最南端、新道地籍でこの地に移住した小林武氏によって、縄文時代中期の竪穴住居址2基が発見されるにおよび、俄然注視され、諏訪考古学研究所長藤森栄一氏ならびに所員一同によって調査されるに至った。調査の結果、重複した竪穴住居址2基と，完形土器6点および石器類など新道式期の標式資料と、縄文時代晩期末の大洞A'式比定土器1点とが発掘された。これらの資料は諏訪考古学研究所に、報告は「井戸尻」にある。

　数年をへて昭和37年春台地の東縁、籠畑地籍の北端で新たに開墾が行なわれ、遺物が発見された。この遺物については、「信濃」15巻7号に報告した。

　ここ2～3年来、当地方においては、農業に従事する若年労働者が農村生活の高度化による現金収入の必要と、新産都市指定による労働力の工業への吸収とによって極度に不足をきたし、労働の機械化と農地の基盤整理とが急速に進んでいる。

　このような情勢のなかで、数多くの貴重な遺跡が次々に破壊され消失している。籠畑遺跡もこうした破壊の矢面に立たされた遺跡の一つであった。すなわち、地主の小林武氏はすでに60歳を越した老令で労働力は半減し、傾斜の強い土地を耕すことが困難となったため、遺跡を含めた所有農地の大半を平坦にする農地基盤改良工事を決意するのやむなきに至った。そこで、小林氏の希望により、事前発掘によって記録保存と遺物を破壊から守り一部保存することに意見の一致をみた。

　なおこの遺跡は、すでに一部の資料についての報告がな

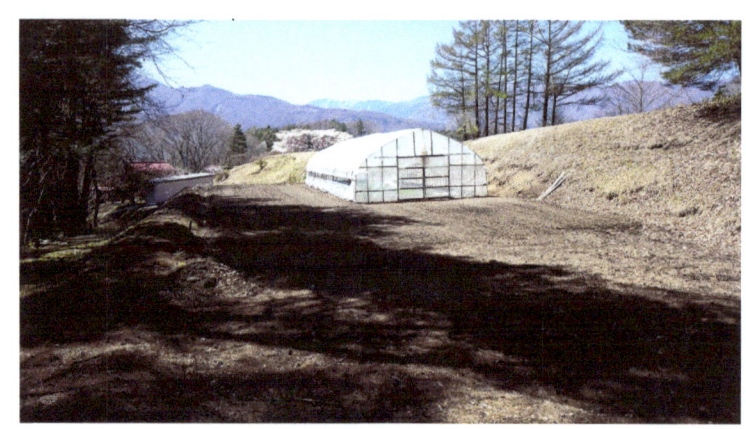
現在の籠畑遺跡（北東より）

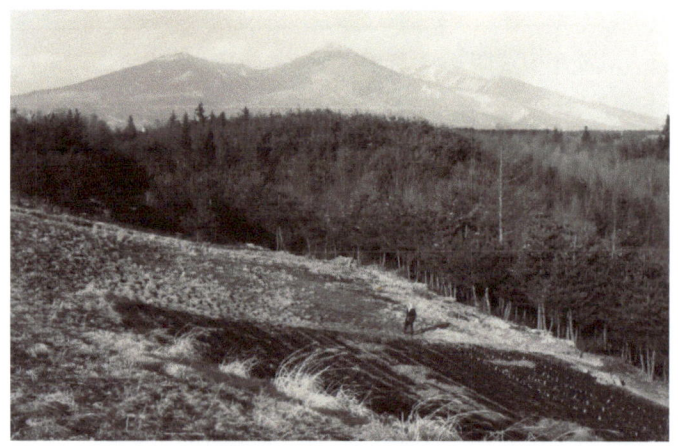
発掘前の籠畑遺跡（南西より）

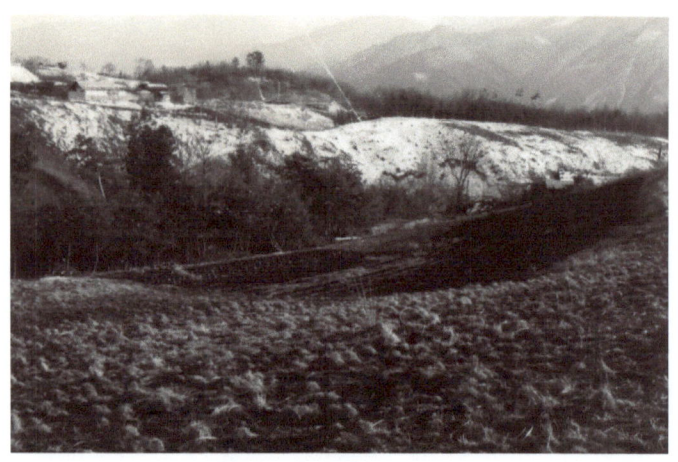
発掘前の籠畑遺跡（北より）

されているように、縄文時代前期末から中期初頭にかけての編年の確立でき得る唯一の遺跡であり、発掘調査の期待されている遺跡でもあったから、この際思いきって調査の実施にふみ切ったものである。

遺跡の位置と地形・地層の関係

籠畑遺跡は、長野・山梨両県の県境から 4.5km 西寄りで、長野県諏訪郡富士見町境 9505 番地にある。

籠畑遺跡は孤立した一つの遺跡ではなく、縄文時代の遺跡群のなかに包括されている。これを井戸尻遺跡群と呼称している。遺跡群は、赤石山系の最北端の主峰甲斐駒ヶ岳に源を発し、フォッサマグナの南縁にそって南流する富士川の一支流である釜無川に、八ヶ岳の最南端編笠山の裾野を浸蝕開析して注ぐ切掛川の両岸と、その近くに集中している。

遺跡群のなかには井戸尻・曽利・大花・藤内・九兵衛尾根と新道・籠畑など著名な遺跡があり、そのほとんどは縄文時代中期の遺跡である。

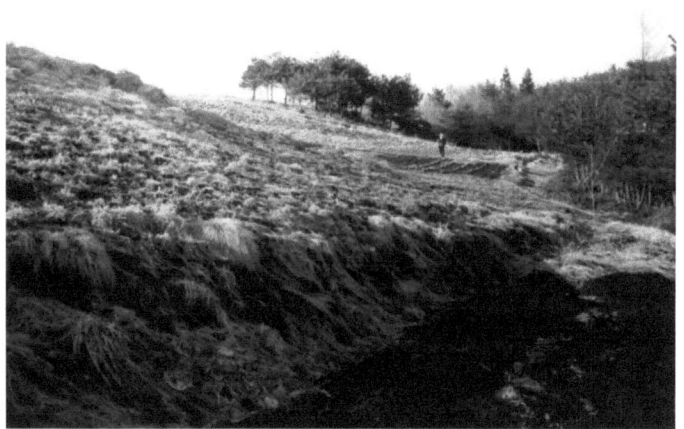

発掘前の籠畑遺跡（南西より）

籠畑遺跡は、切掛川の西岸に発達した帯伏台地の東縁に存在する。切掛川と帯状台地の関係と、その形成の過程との関係は、遺跡の存在と深い関係がある。すなわち切掛川は、八ヶ岳の火山活動の末期にあたる洪積世末に流出堆積した火山泥流と、その前に噴出した熔岩流の裂目にそってできた流路の安定した浸蝕谷で、河床からの比高は 40m に達する。遺跡のある切掛川の西岸は、泥流堆積後、浸蝕谷の幼年期に一度氾濫し、その上にローム層の堆積がみられた。ローム層の堆積末期にさらに強大なる浸蝕と礫層の堆積が川の一部でおこり、帯状の台地と、遺跡の基盤である含礫ローム層とが完成したらしく、その後、含礫ローム層の基盤の上に黒色腐植土が 30 ～ 70cm の厚さで堆積している。

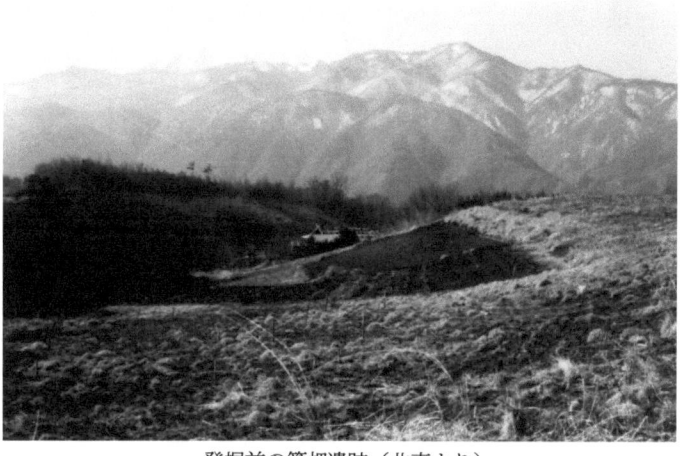

発掘前の籠畑遺跡（北東より）

遺跡は、黒色腐植土層の堆積の初期に形成されたものらしく、含礫ロームの基盤の上 20 ～ 30cm の間に介在する。

遺跡の廃絶後、台地の頂上のローム層は、わずかの腐植土層とともに風雨にさらされて、台地の東縁に 10 ～ 20cm の厚さで堆積した。これが遺物包含層上の褐色土層である。その後、縄文時代晩期末に一度、ごく小規模の開発がなされたほか撹乱されず、再度腐植土が堆積して現在に至っている。

このような立地条件をそなえた同時代の遺跡は以外と多く、近在では、岡谷市梨久保・茅野市晴ヶ峯、諏訪市踊場・富士見町日向・堂林などがあげられる。

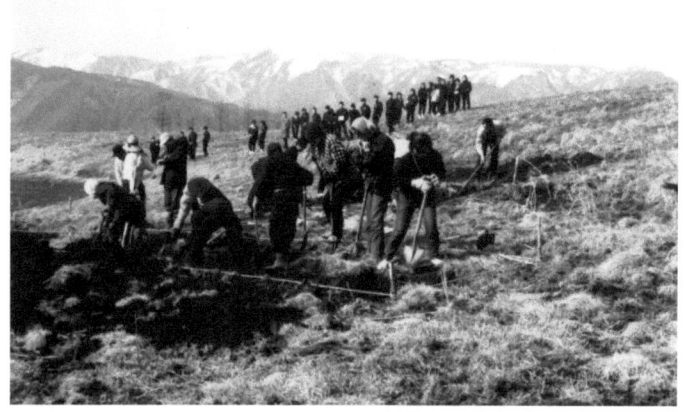

籠畑遺跡の発掘

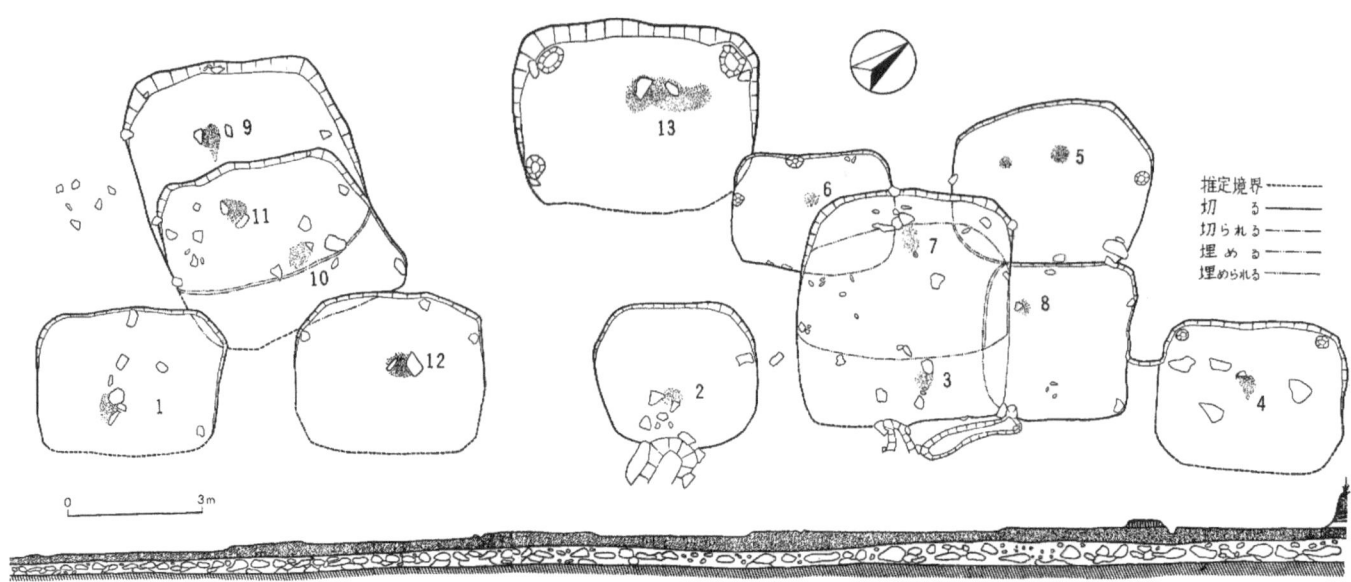

籠畑遺跡住居址の実測図と配置図

調査の経過

発掘調査は、富士見町教育委員会が主催し、町内の関係機関・井戸尻遺跡保存会員・高校生・中学生などを主体とした調査団を結成して進められた。

第7号住居址

第3・8号址を埋め、第5・6号址を切って構築されたのが第7号住居址である。プランは4.5×4mの南向きであり、南縁は第3号址の炉址近くまで拡がる。床はロームの小粒を混じた軟弱な貼床である。しかし、第5・6号址を切った北壁は極めて明瞭であり、壁の近くに柱穴の位置を示す添石2個がみられる。炉址は北壁近くに数個の転石を据えて築き、焼土は南に展開し先端に凹石が置かれていた復元可能の2点の土器はいずれも籠畑Ⅱ式土器であった。

第8号住居址

第8号住居址は、C—5・C—1区の拡張部にまたがって発見された。この住居址は3.7×3.3mの長方形を示し、珍しく西向きであった。床は極めて軟弱な貼床で、北壁は第5号址に接し、東壁は盛土を境に第4号址に隣接する。西南隅にはピット状の出入口が第3号址の出入口近くまで延びている。この出入口の下層からは、日向式の古い型の土器片が多量に検出できた。炉址は著しく北

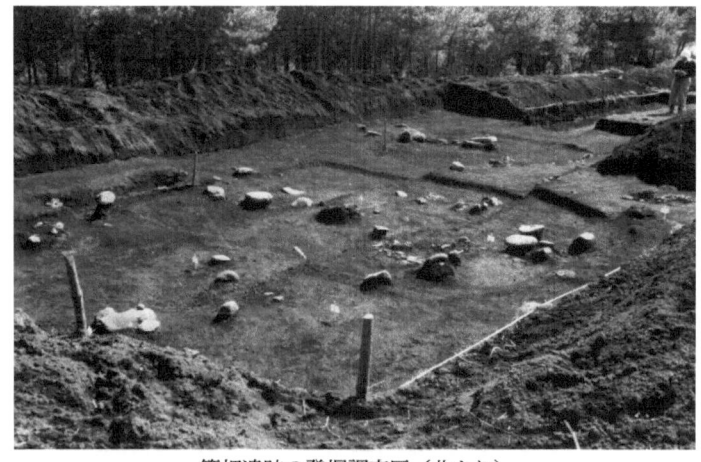

籠畑遺跡の発掘調査区（北より）

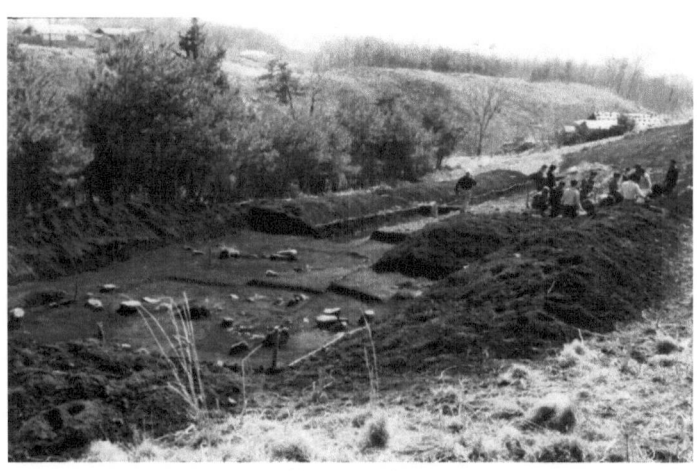

籠畑遺跡の発掘

に片寄り、転石1個をすえた地床炉に近いものであった。柱穴の添石は3個みつかった。土器は籠畑I式土器が主体を占め2点が復元できた。開墾の際発見した籠畑I式土器は実測の結果この住居址に所属することが確認された。

第9・10号住居址

　第9・10・11号住居址はB-5・B-6・B-9・B-10区の4グリットにわたっていた。まず、第9号址は偶然かどうか最下層の第11号址と全く同一地点に同一プランで構築された最後の住居址であった。プランは5.2×5.lmの隅丸方形で南向きであった。床はロームの小粒を混じた貼床で、第10号址の上の部分は3cmほど陥没していた。炉址は北よりに2個の転石を配し、焼土は5cmの厚さであった。西辺は貼床の関係ではっきりしたが、北壁は傾斜の強いロームの浸蝕面を利用してあり、第11号址の場合はこの下部を利用したものであろう。柱穴の添石2個が確認されたほか、北壁の斜面に転石と土器片が認められた。

　第10号址は第11号址の南半を埋め、北半分は第9号址に埋められていた。このため、その北半の貼床は土器片を混じ、南半はローム粒が混じた貼床であった。プランは4x5mの長方形を示し、台地を背に南向きであるが、主軸の方向がやや東向きの点が他の住居址と異なる。遺物は最も多く、復元可能の土器5点のほか石鏃・凹石・打製石斧・石匙・石皿・土製玦状耳飾など多彩であった。炉址は中央やや東寄りに転石2個を据え、焼土は最も厚いところで20cmに達した。柱穴の添石は3個あり、北壁は第9号址の貼床と第11号址の遺物包含層の上に堆積した逆三角堆土を掘下げて築き、東壁上には土器や石器が置かれ土壇の役を果たしていた。南側は第12号址に切取られ、第1号址を埋めたてていた。

　以上述べたように、第9・10・11号址相互の関係は、第11→10→9号址の順に住居址の編年が組立てられる。土器については第11号址が、日向式の新しいもの、第10号址が籠畑I式、第9号址が籠畑II式がそれぞれ主体を占めている。

（武藤雄六）

図　録

陰文深鉢（いんもんふかばち）
九兵衛尾根遺跡（きゅうべえおねいせき）
藤内Ⅰ式
九兵衛第31号住居址
昭和49年（1974年）　発掘
縄文中期中葉
約4700年前
15cm（残高）、21.5cm（口径）
未報告
ID-067

　胴から下半は失われているが、筒形の胴に、円く膨れた底部の深鉢だと思われる。口縁は平らで、文様は細かく彫りの深い精巧なつくり。
　表裏に一対、U字形の腕と、その腕に抱きかかえられた紡錘形の造形があるが、これは蛙の背に由来する。腕に抱えられた蛙は「新しく甦った三日月に抱かれる古い月」を意味する。これは藤内遺跡特殊遺構の有孔鍔付土器（第2巻ID-051）でみたように、再生する新しい光の源泉を表徴する図像である。すなわち古い月（暗い月）は、甦る新しい生命の光の源泉であり、生命を生み出す女性器と重ねられている。

　　　　　　　　　　　　　　　（井戸尻考古館　小松隆史）

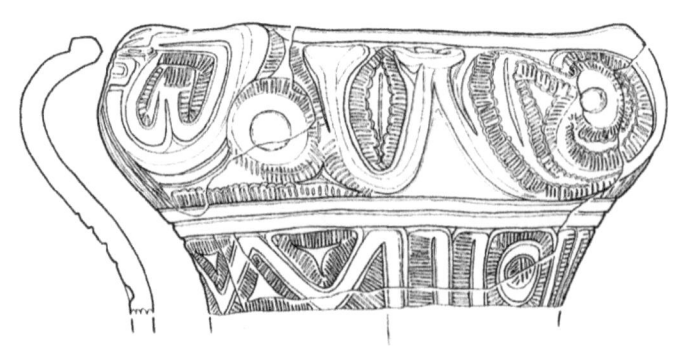

陰文深鉢（いんもんふかばち）

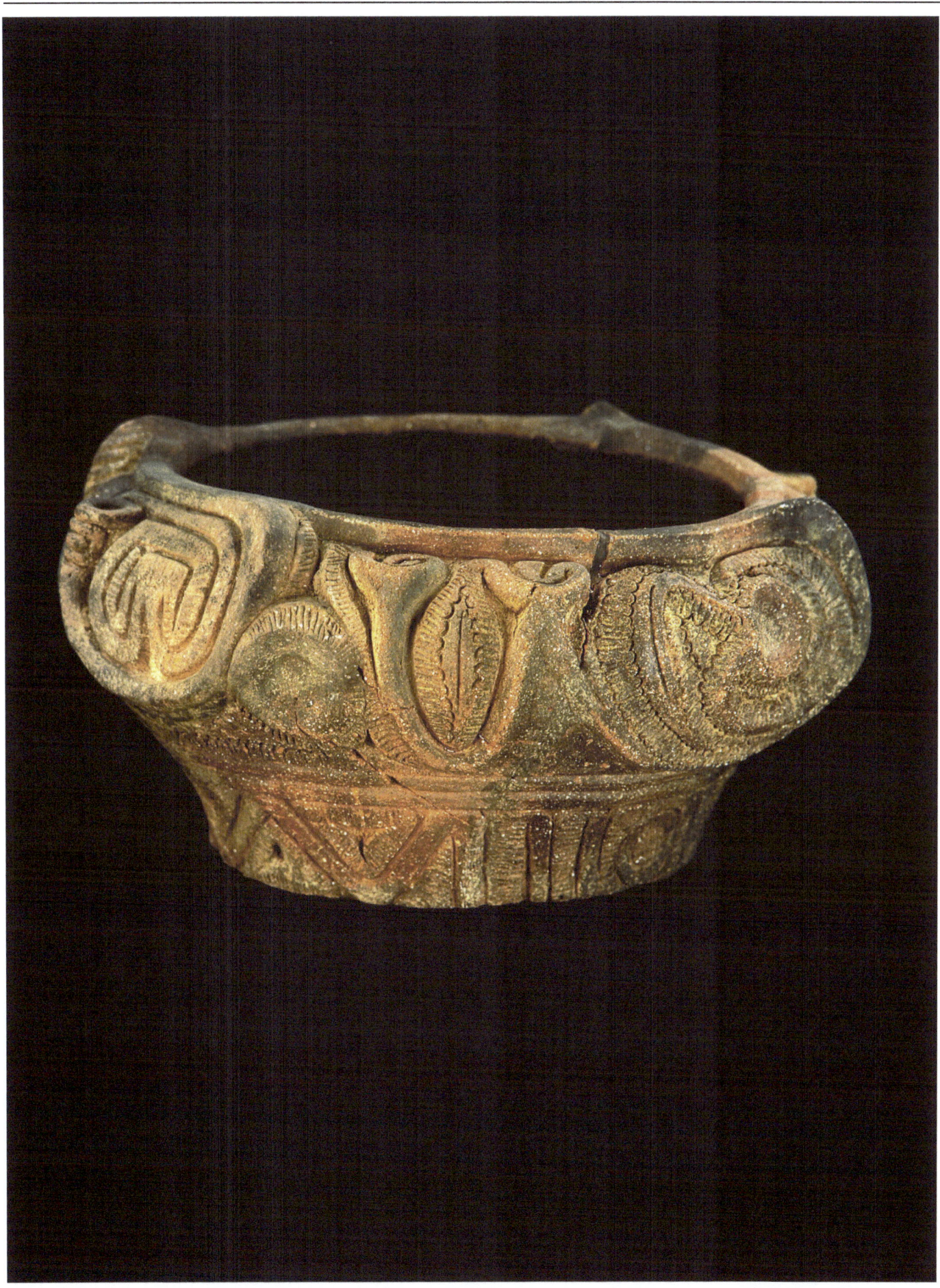

陰文深鉢（いんもんふかばち）

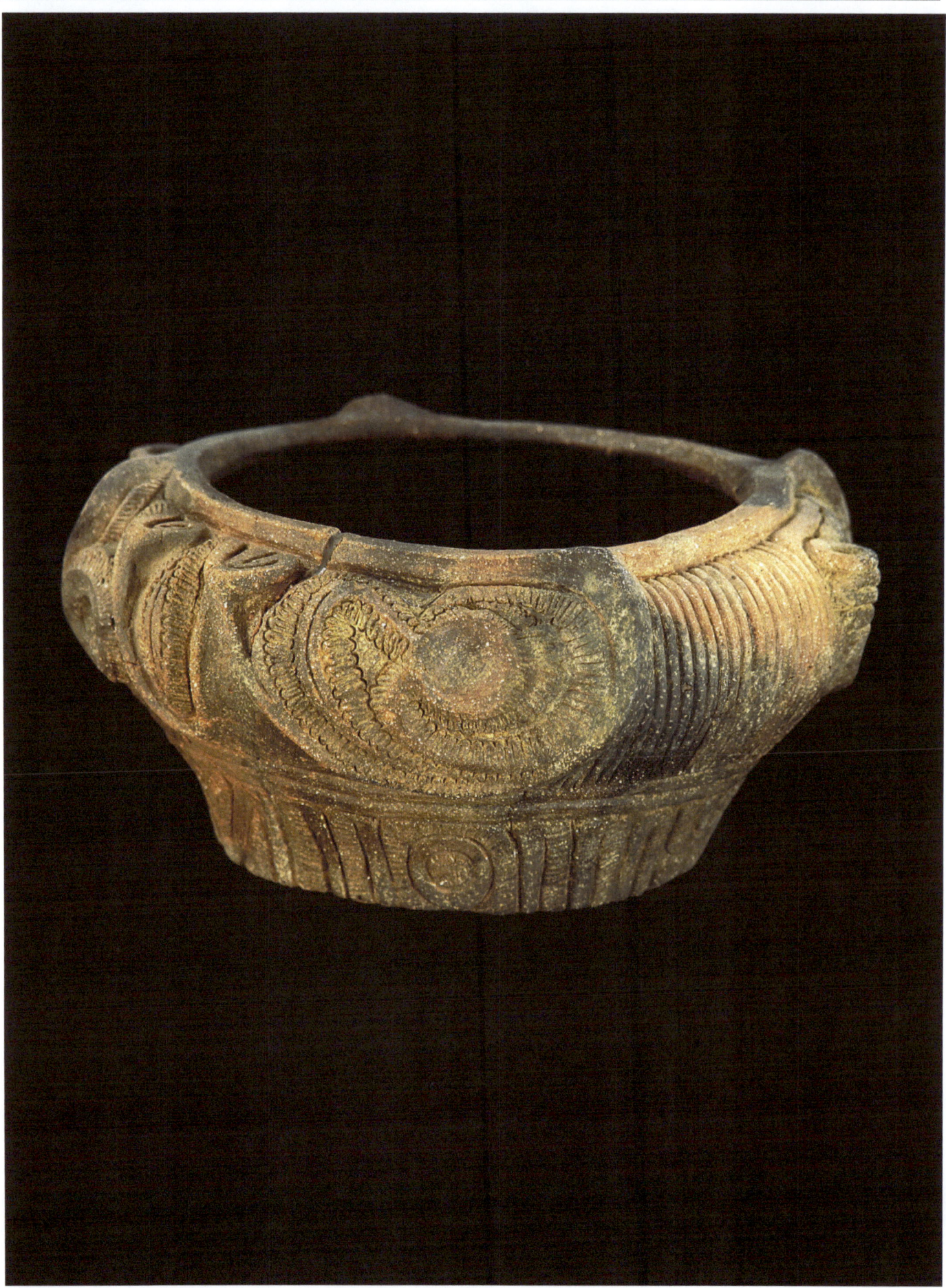

陰文深鉢（いんもんふかばち）

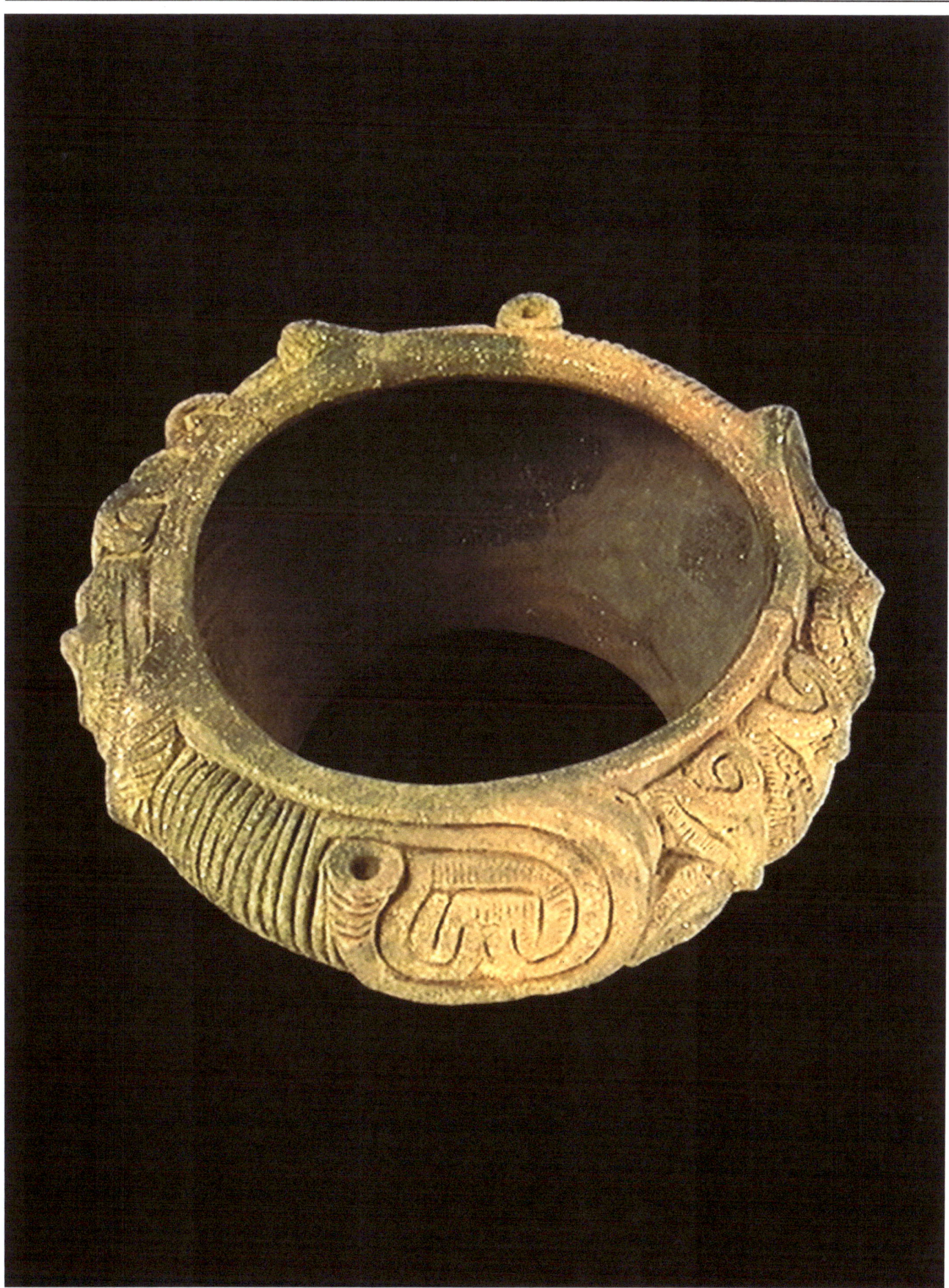

みづち文深鉢（みづちもんふかばち）
九兵衛尾根遺跡（きゅうべえおねいせき）
藤内Ⅰ古式
不明
昭和49年（1974年）　発掘
縄文中期中葉
約4700年前
34.5cm（高さ）,26.9cm（口径）
未報告
ID-009

　この時期に特徴的な桶形の深鉢で、口縁部の一箇所に大きな造形が立ちあがり、他の三箇所には前段階の新道式土器に由来する双環状の突起が付く。
　大きく立ちあがる造形の内側は円く浅く凹んでいる。外側には小さな環がふたつ貼り付けられ、蛙の頭を表しているようにも見えるがはっきりしない。
　胴部には一対のみづちがある。胴全体が盛り上がるように作られ、全面を三角押し引きで埋められていることから、比較的古い段階のみづちであることがわかる。このみづちに並ぶように円文が刻まれている点に注目したい。このような円文は一般的にはみづちのいる空間より上部におかれている。これが時期的な特徴なのか、あるいは意味を持つものか、現段階ではわからない。

（井戸尻考古館　小松隆史）

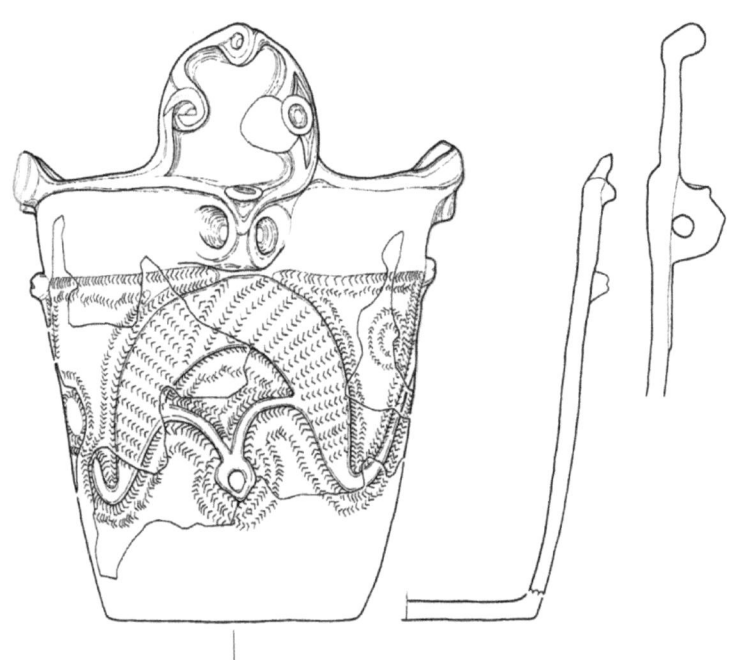

みづち文深鉢（みづちもんふかばち）

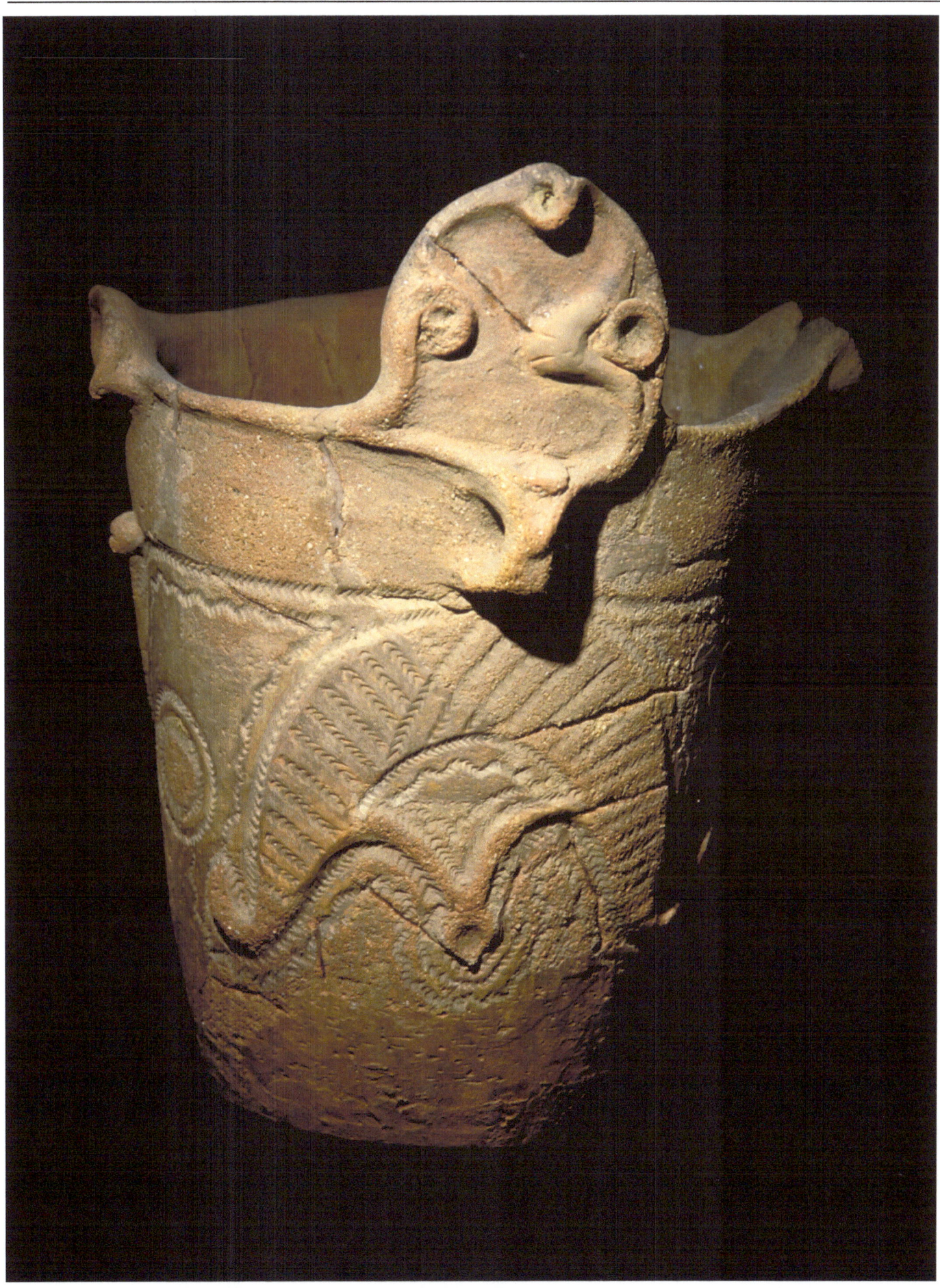

みづち文深鉢（みづちもんふかばち）

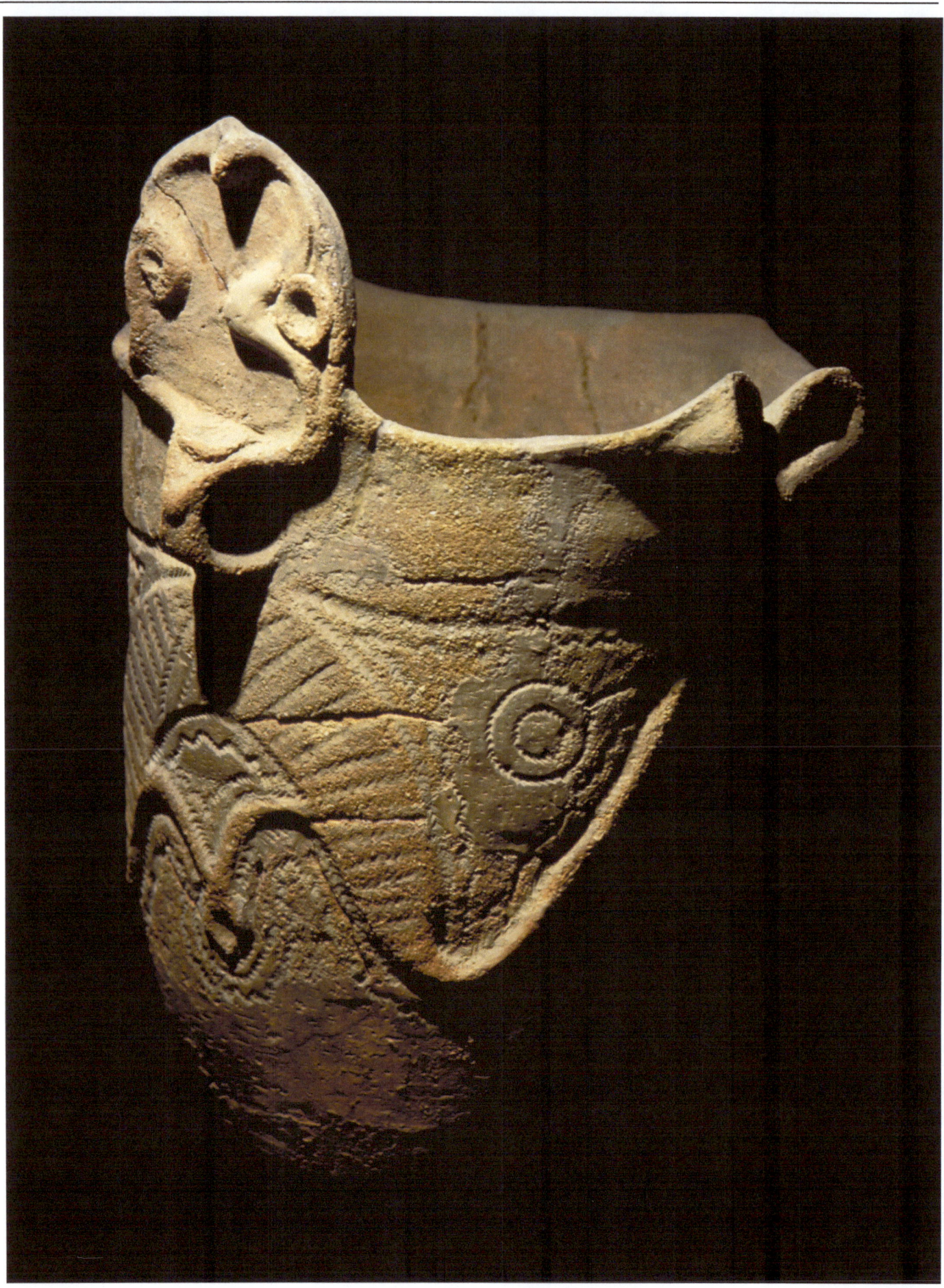

みづち文深鉢（みづちもんふかばち）

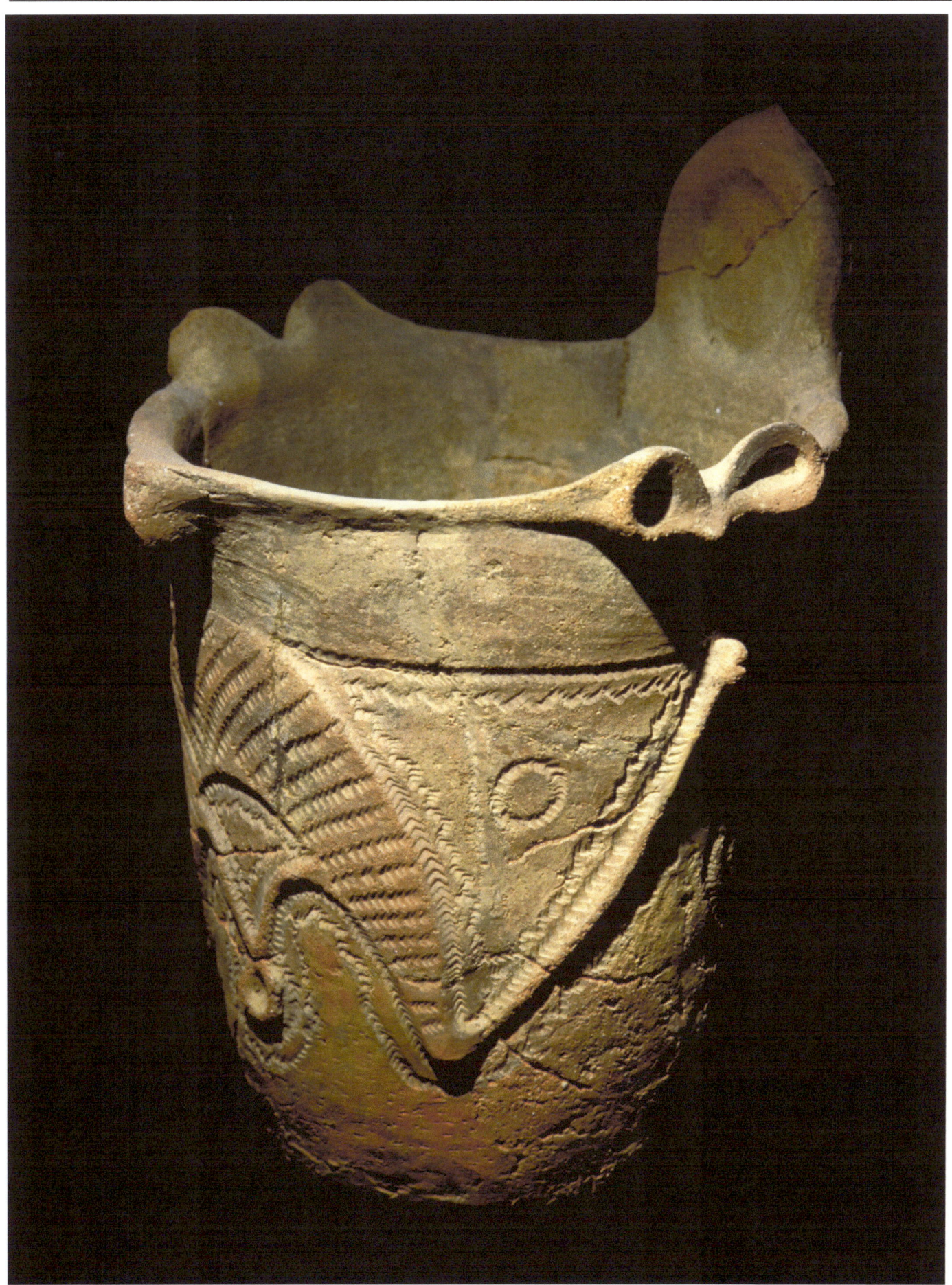

みづち文深鉢（みづちもんふかばち）
九兵衛尾根遺跡（きゅうべえおねいせき）
藤内Ⅰ古式
土器捨て場
昭和36年（1961年） 発掘
縄文中期中葉
約4700年前
18.9cm（高さ），16.0cm（口径）
井戸尻－P83,No.183
ID-044

　小形の深鉢である。口縁の半分近くは復元されている。
　上部は縄文、胴部下半は指頭圧痕を地紋として、そこに一対のみづちが貼りつく。上段の縄文部には鋭く斜めの文様が、磨り消しで二つ、押し引きで一つ施されている。
（井戸尻考古館　小松隆史）

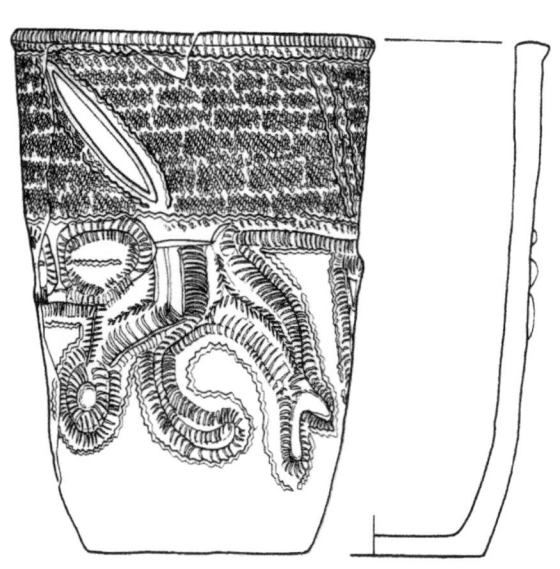

みづち文深鉢（みづちもんふかばち）

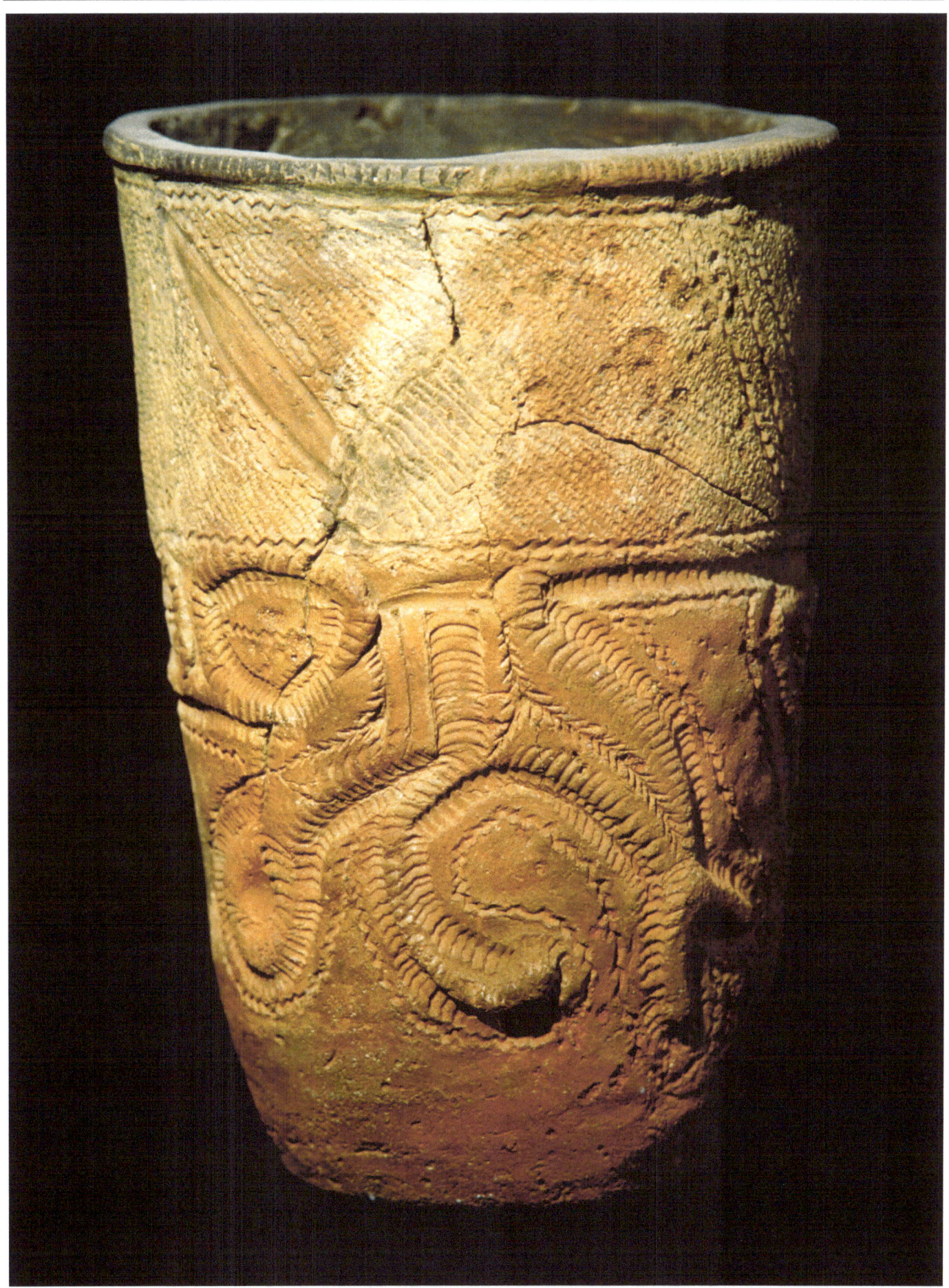

みづち文深鉢（みづちもんふかばち）

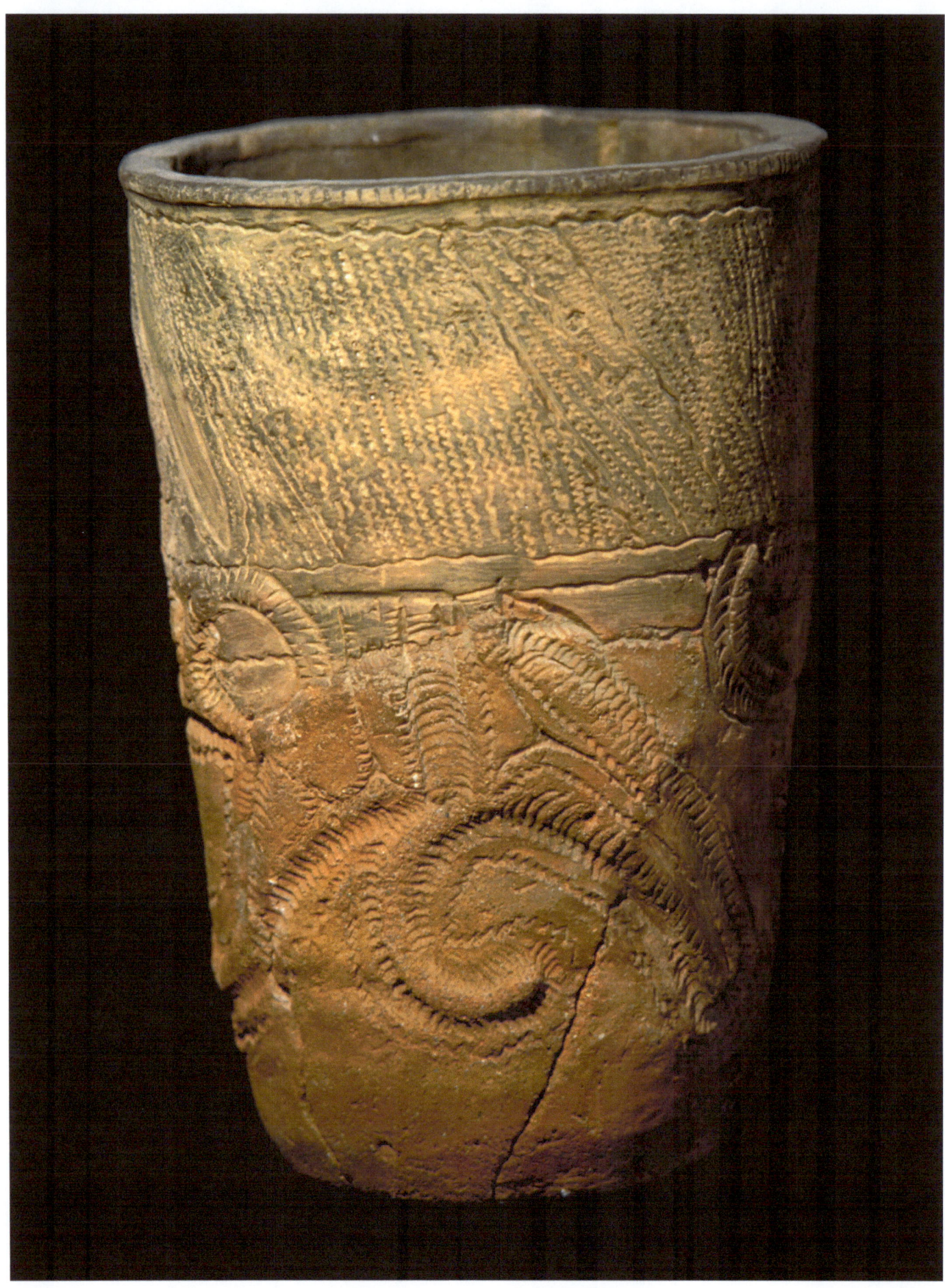

みづち文深鉢（みづちもんふかばち）

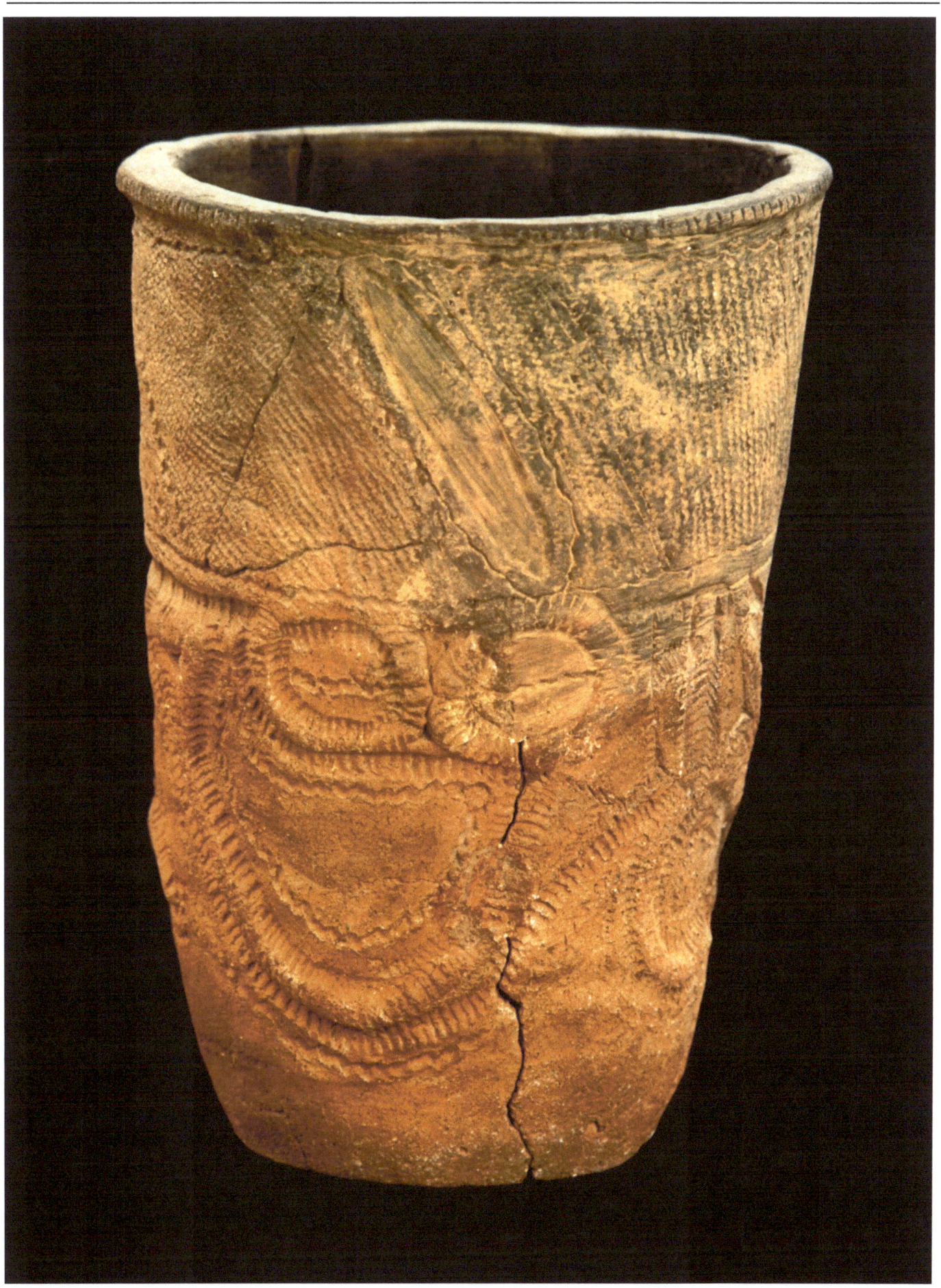

半人半蛙文深鉢（はんじんはんあもんふかばち）
九兵衛尾根遺跡（きゅうべえおねいせき）
藤内Ⅰ古式
九兵衛尾根第2号住居址
昭和27年（1952年）　発掘
縄文中期中葉
約4700年前
13.6cm（高さ），13.8cm（口径）
井戸尻-P83,No.187
ID-046

　口頸以上を欠失しているが、爪形連続文で三本指の手らしい表現で、人体をあらわし、土器胴部を抱いているようにみえる。これも、次の区画文の出てくる前駆的な技術であろうか。間隙の面を一杯に並行斜線文で充填している。（藤森栄一）

　上部を欠く。失われている上部の様子はわからないが、土器の両面に造形された図像の上に、双環が付いていた痕跡がある。一方の面は円い蛙を抱く嬰児の三本指の腕になっており、これは先にみた陰文深鉢（ID-067）や藤内の太陰文（半人半蛙文）有孔鍔付土器（ID-051）とまったく同じ表現である。この蛙の円い背中には縦方向の連続爪形文で加飾された並行沈線が3条ある。いかにも暗い月＝古い月を表徴しているようだ。他の土器の図像表現から、これも光が隠された闇の状態を示しているものと推察できる。
　いま一方の面には、脊椎の表現だとみてよいだろうか、一本の棒状の胴と両腕により、半人半蛙像があらわされている。片腕を折り曲げた姿は、この時期の土偶や人体像によくみられる表現である。
　小ぶりの深鉢ではあるが、この時期の図像表現の根幹をなす世界観が表現された、貴重な資料だといえる。

（井戸尻考古館　小松隆史）

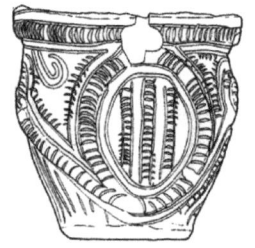 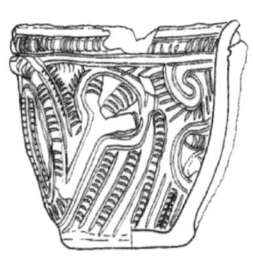 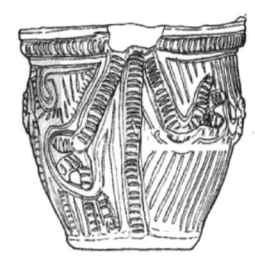 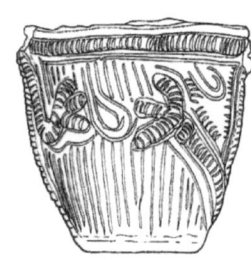

半人半蛙文深鉢（はんじんはんあもんふかばち）

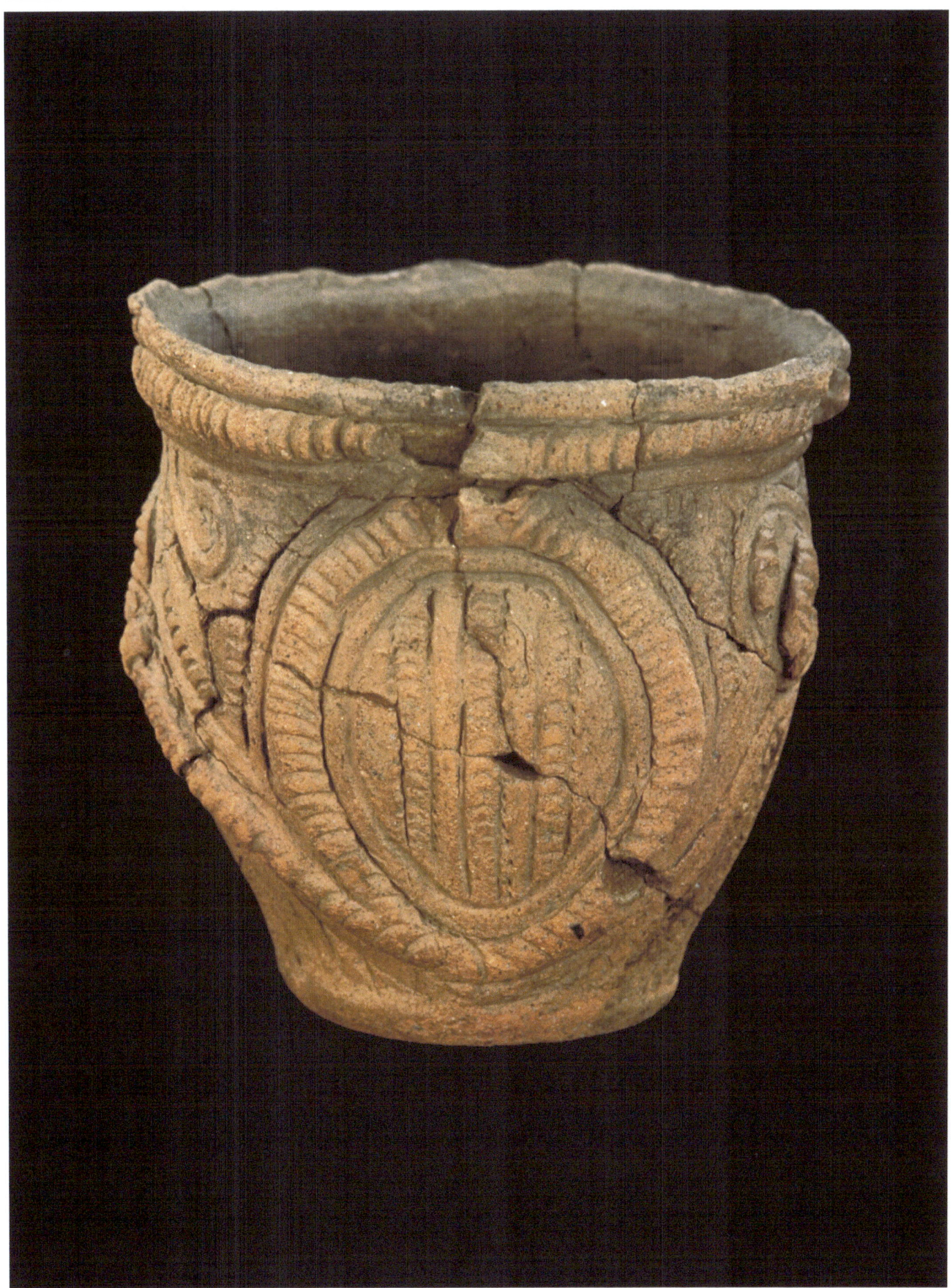

半人半蛙文深鉢（はんじんはんあもんふかばち）

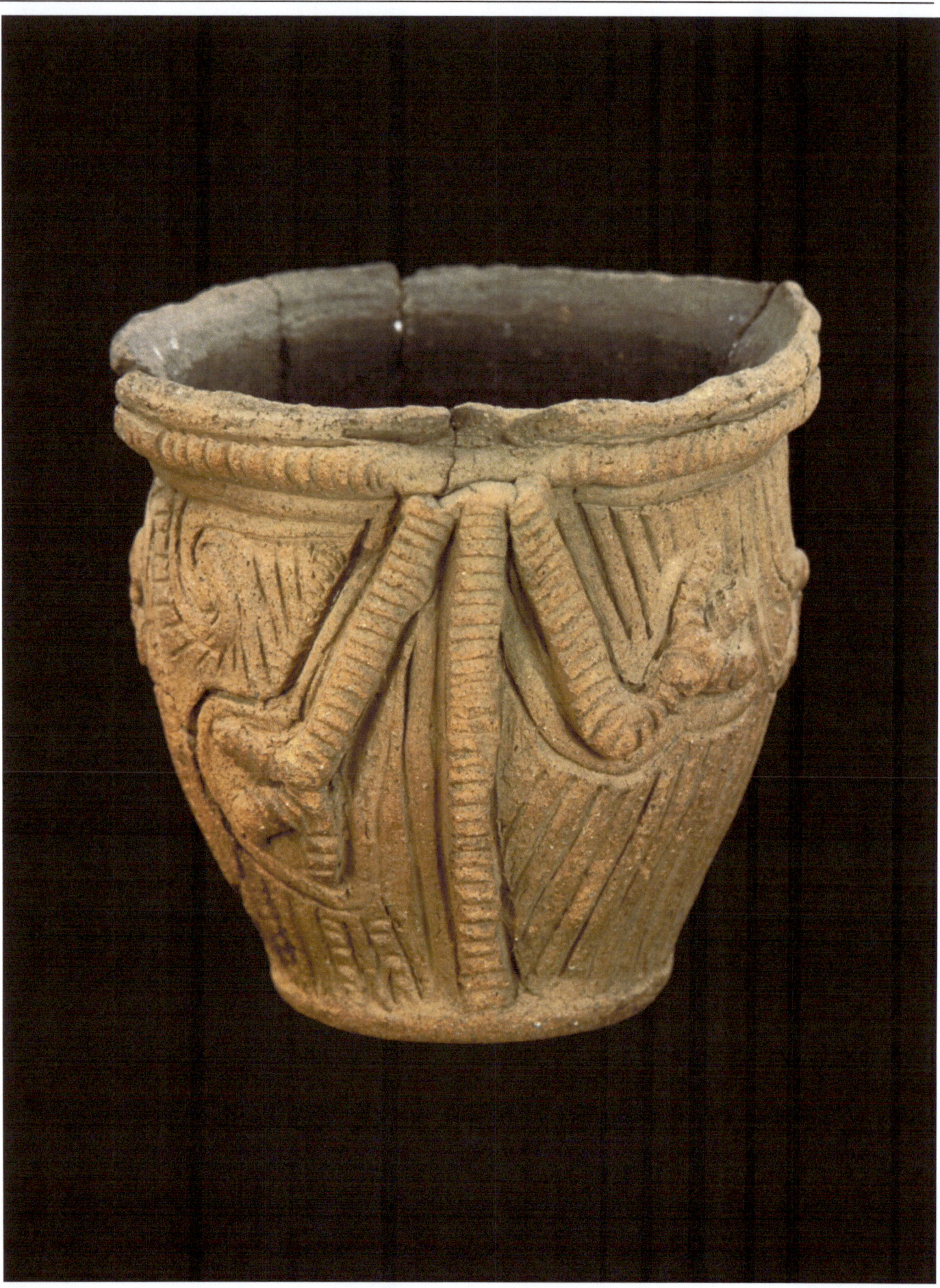

半人半蛙文深鉢（はんじんはんあもんふかばち）

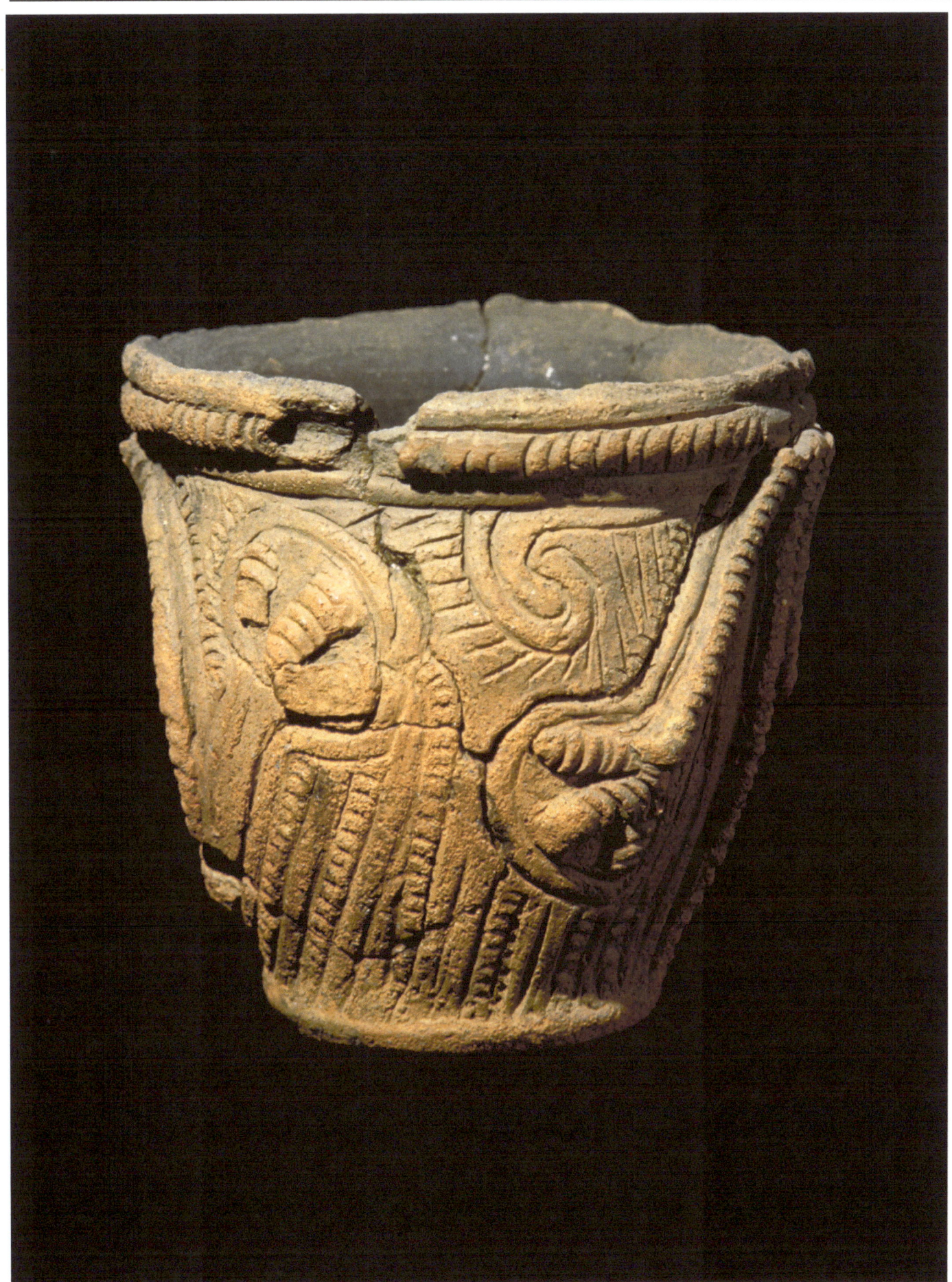

深鉢（ふかばち）
九兵衛尾根遺跡（きゅうべえおねいせき）
新道式
九兵衛尾根第3号住居址
昭和34年（1959年）　発掘
縄文中期前葉
約4800年前
34.2cm（高さ）, 33.3cm（口径）
井戸尻-P81,No.150
ID-007

　下半分を欠く。口縁が大きく開き、四箇所にひねり状の単環がつくのは新道式期の特徴である。煮炊き用の土器だが、煤などの煮炊き痕はみられない。
　多段に区切られた中に重三角文や横帯楕円区画文がみられ、隆線や連続爪形文が器面を埋める。このような施文も、この時期に特徴的なものである。

（井戸尻考古館　小松隆史）

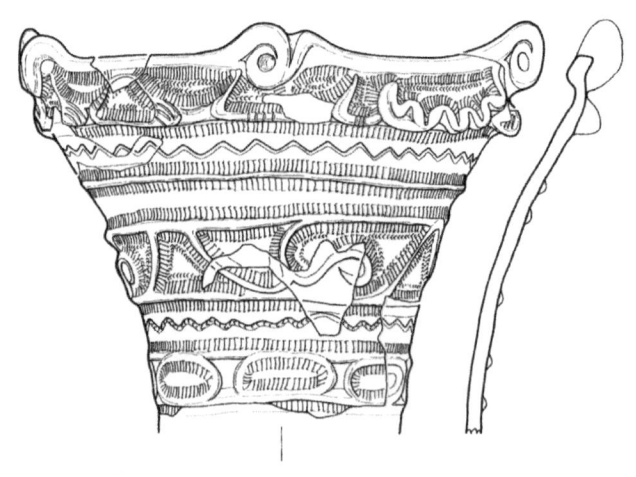

深鉢（ふかばち）

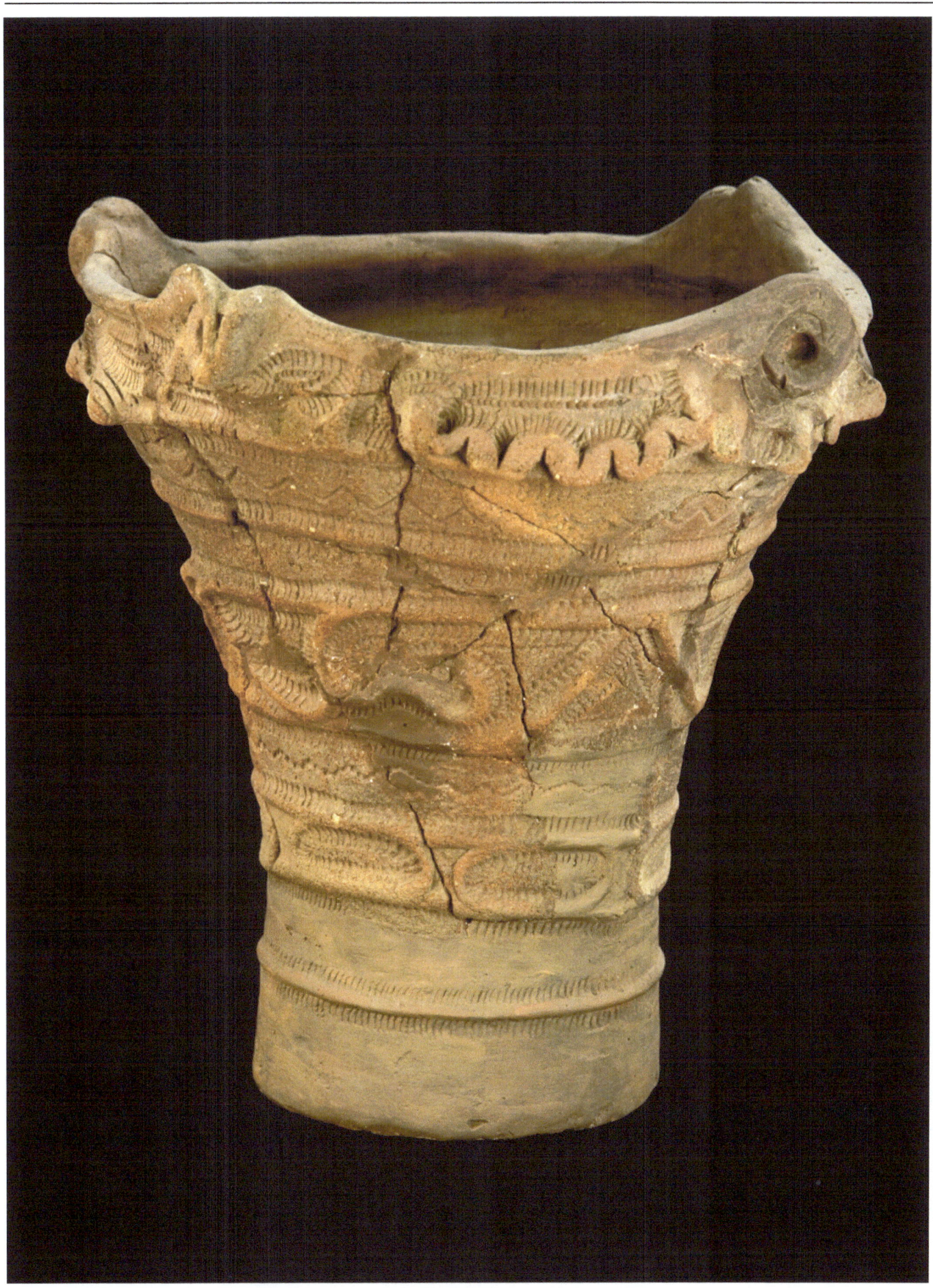

深鉢（ふかばち）

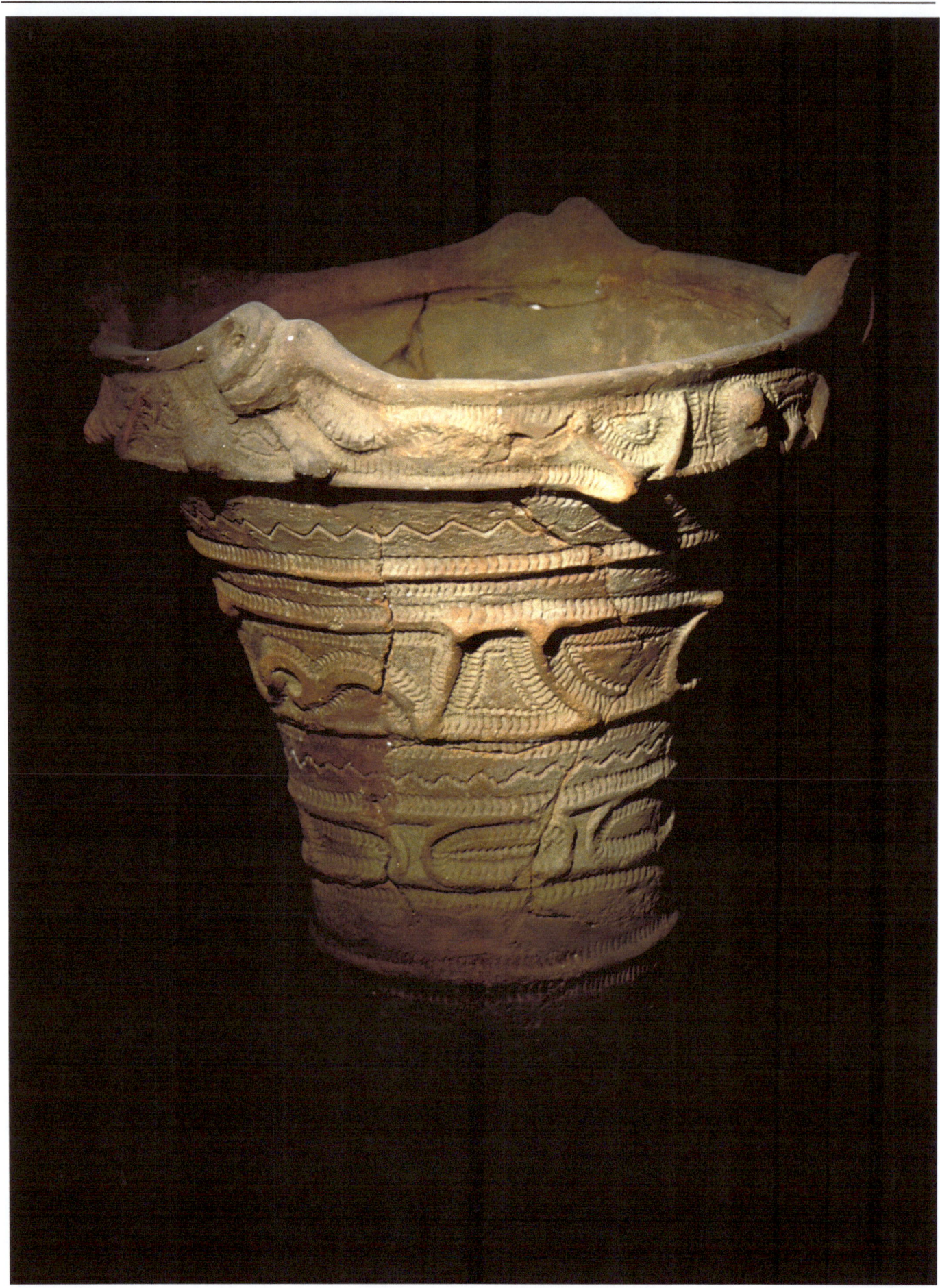

32

深鉢（ふかばち）

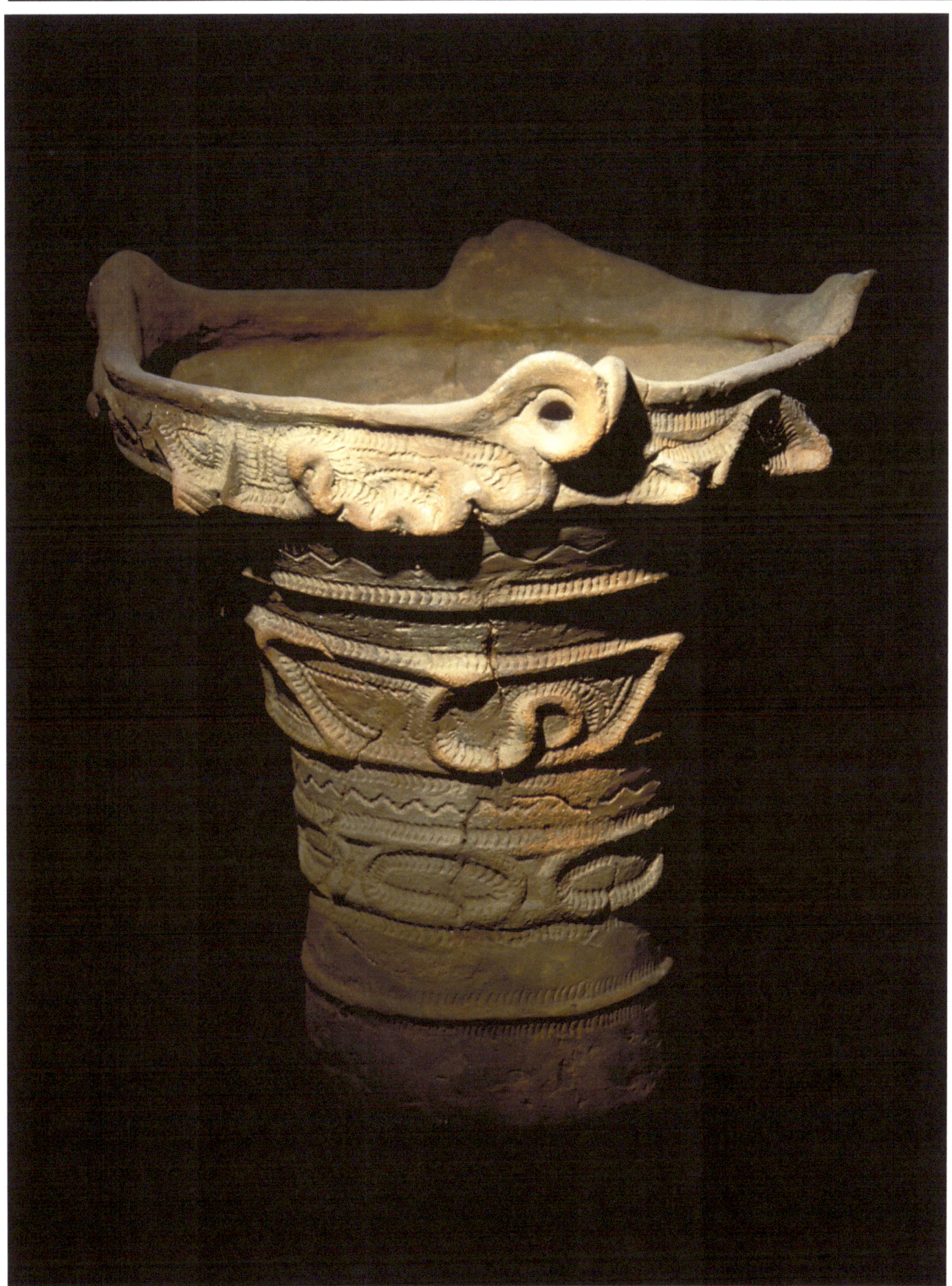

深鉢（ふかばち）
九兵衛尾根遺跡（きゅうべえおねいせき）
新道式
九兵衛尾根第3号住居址
昭和34年（1959年）　発掘
縄文中期前葉
約4800年前
29.8cm（高さ），31.0cm（口径）
井戸尻－P81,No.153
ID-008

　すらりとした胴部から、朝顔形に大きく口縁が開く、新道式に特徴的な器形。底部を欠く。煤や焦げつきはみられないが、底部付近は火熱を受け、内面は膚荒れしてざらつくことから、煮炊き用と考えられる。
　折り返したようにやや肥厚する口縁には、一箇所突起の痕跡がある。胴部は半截竹管で横位多段に区切られ、縄文や刺突文が交互に施されている。

（井戸尻考古館　小松隆史）

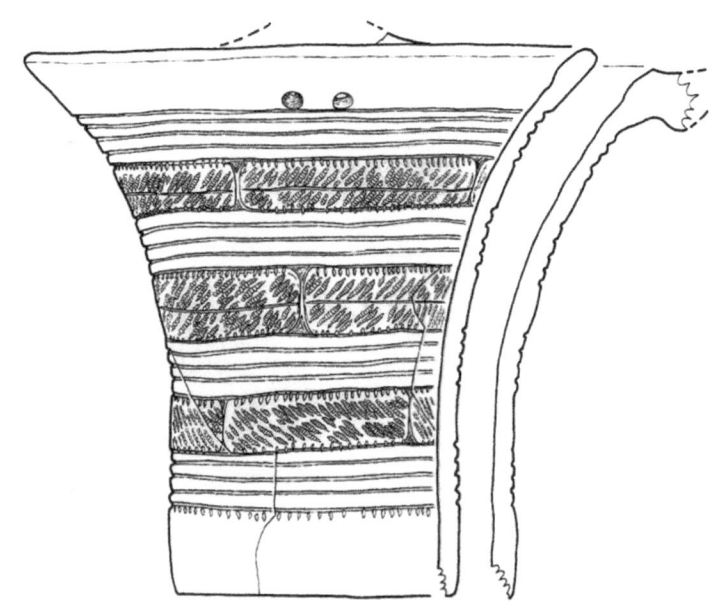

深鉢（ふかばち）

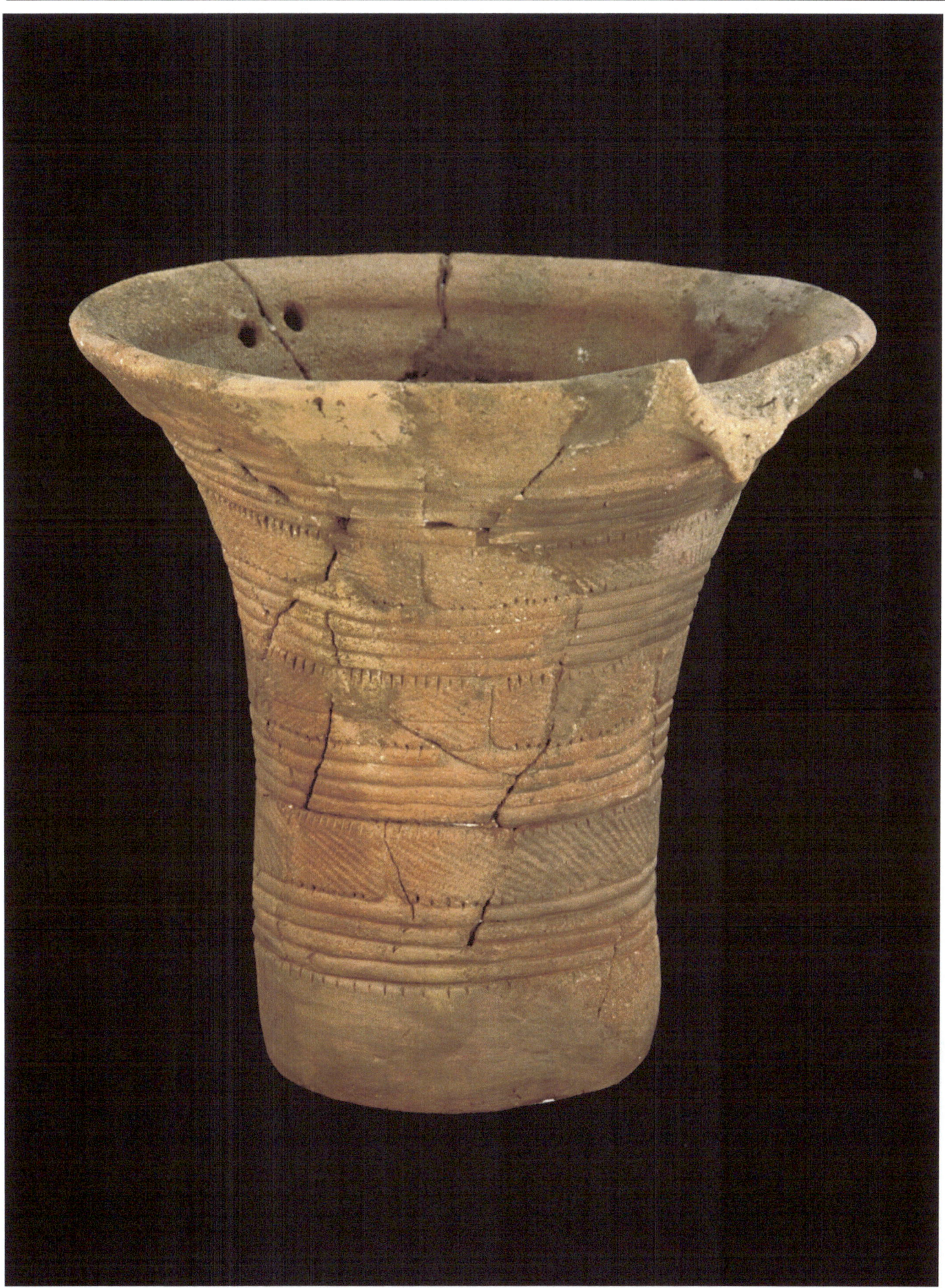

深鉢（ふかばち）

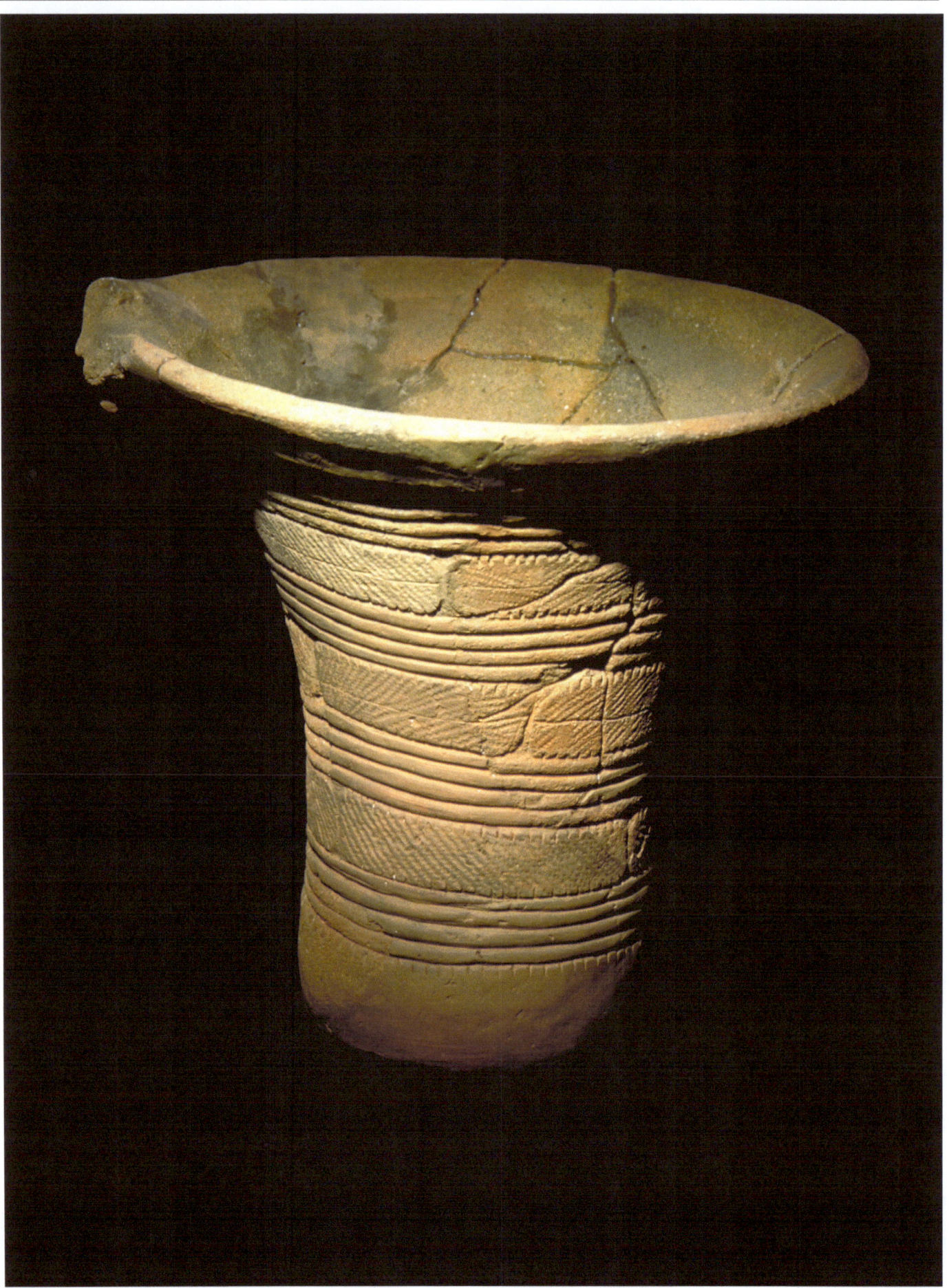

深鉢（ふかばち）

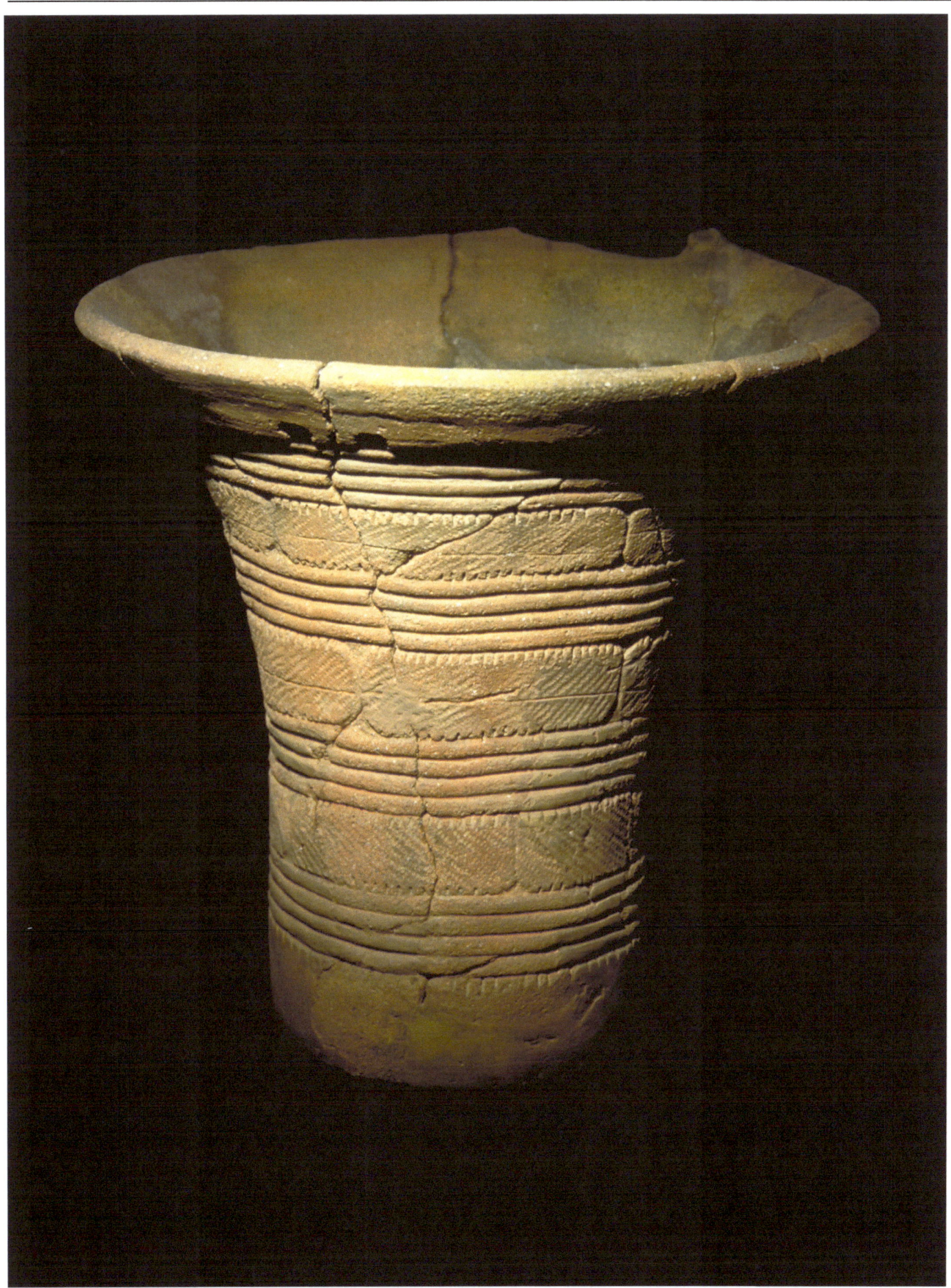

みづち文深鉢（みづちもんふかばち）
九兵衛尾根遺跡（きゅうべえおねいせき）
藤内Ⅰ古式
九兵衛尾根第10号住居址
昭和47年（1972年）　発掘
縄文中期中葉
約4800年前
42.8cm（高さ），28.7cm（口径）
未報告
ID-014

　口縁は平らで箍のようにわずかな段差をのこし、その直下がふっくらと膨らんで、すらりとした胴部につながる。器面の上半と下半でまったく異なった表現手法を用いている。
　みづち文土器では上半が縄文になることが一般的だが、本作は半截竹管による縦方向の連続半隆起線により区画されている中が縄文で埋められるほか、空白のまま残される箇所もある。連続する蓮華状文がみられること、半隆起線による縦に長い区画を持つことなど、北陸起源の特徴であり、それはこの後、縦帯区画文に引き継がれる。正面には半月形の区画があり、その内側が縦線で充填されていることから「新しい月の腕に抱かれた古い月」に通じるものである。
　下半には一対のみづちが躍るが、頭と思しきところは大きな三角が割れたような、大胆な姿となっている。逆に胴体と思われる部分は一本の隆線のみの表現である。隙のない上半とみづちのいる下半、絶妙なバランスと細やかさを併せもつ優品である。

（井戸尻考古館　小松隆史）

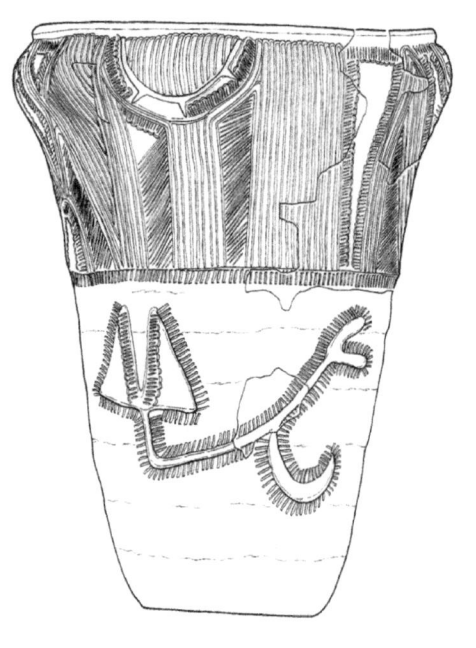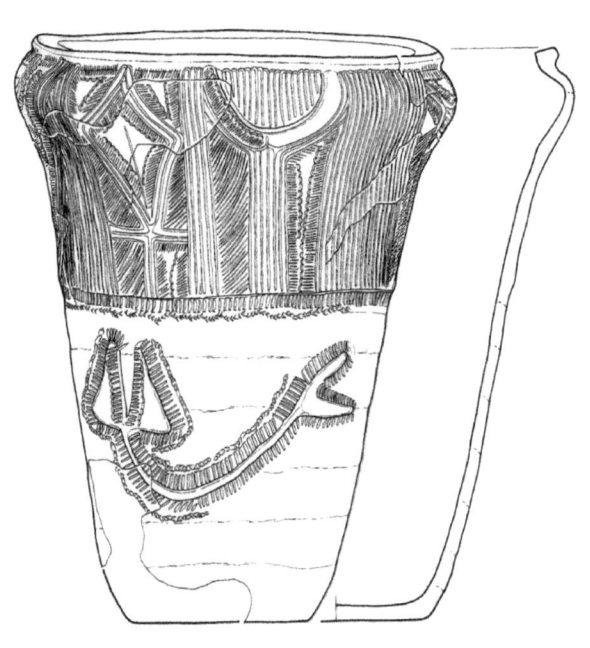

みづち文深鉢（みづちもんふかばち）

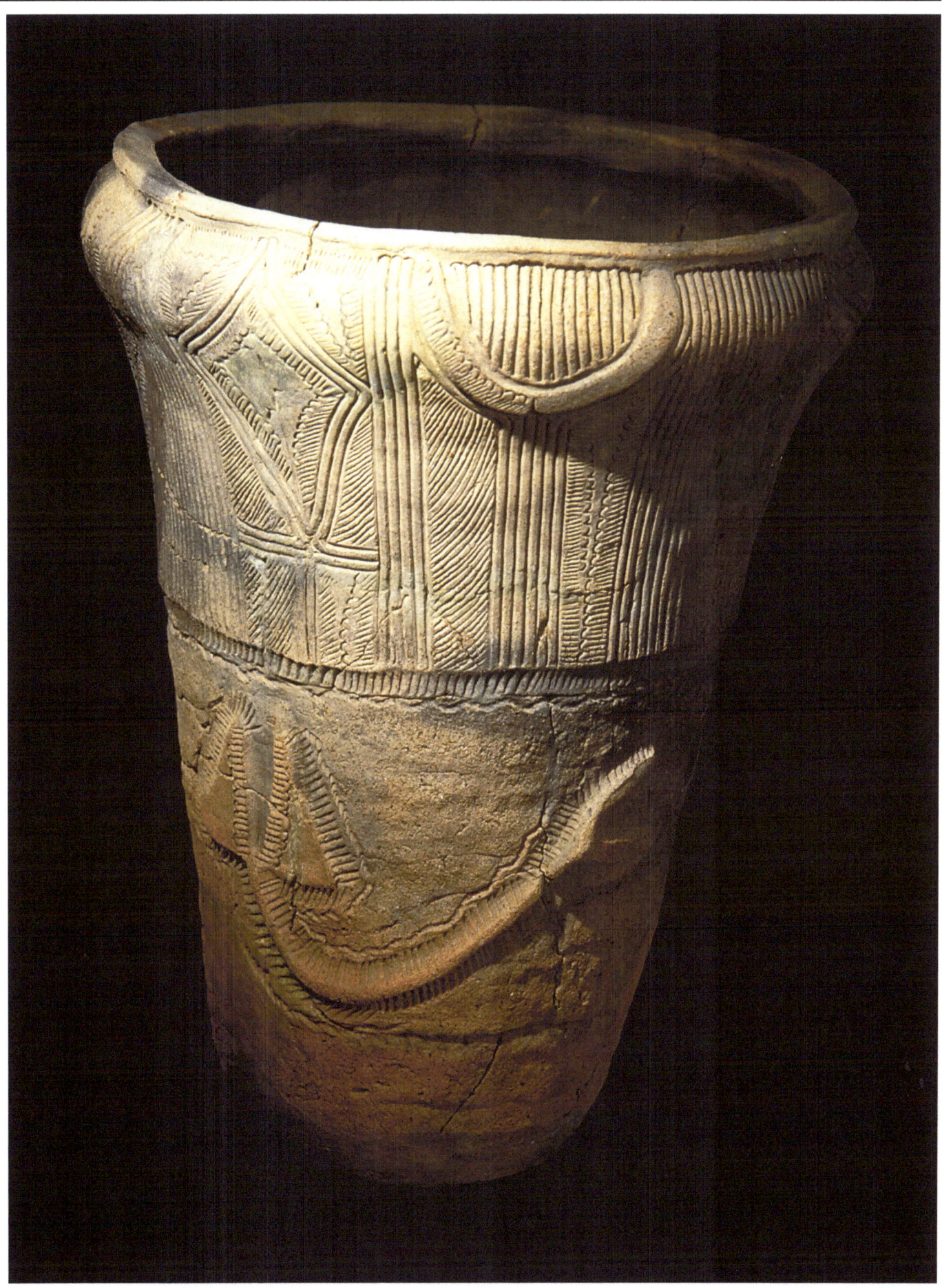

みづち文深鉢（みづちもんふかばち）

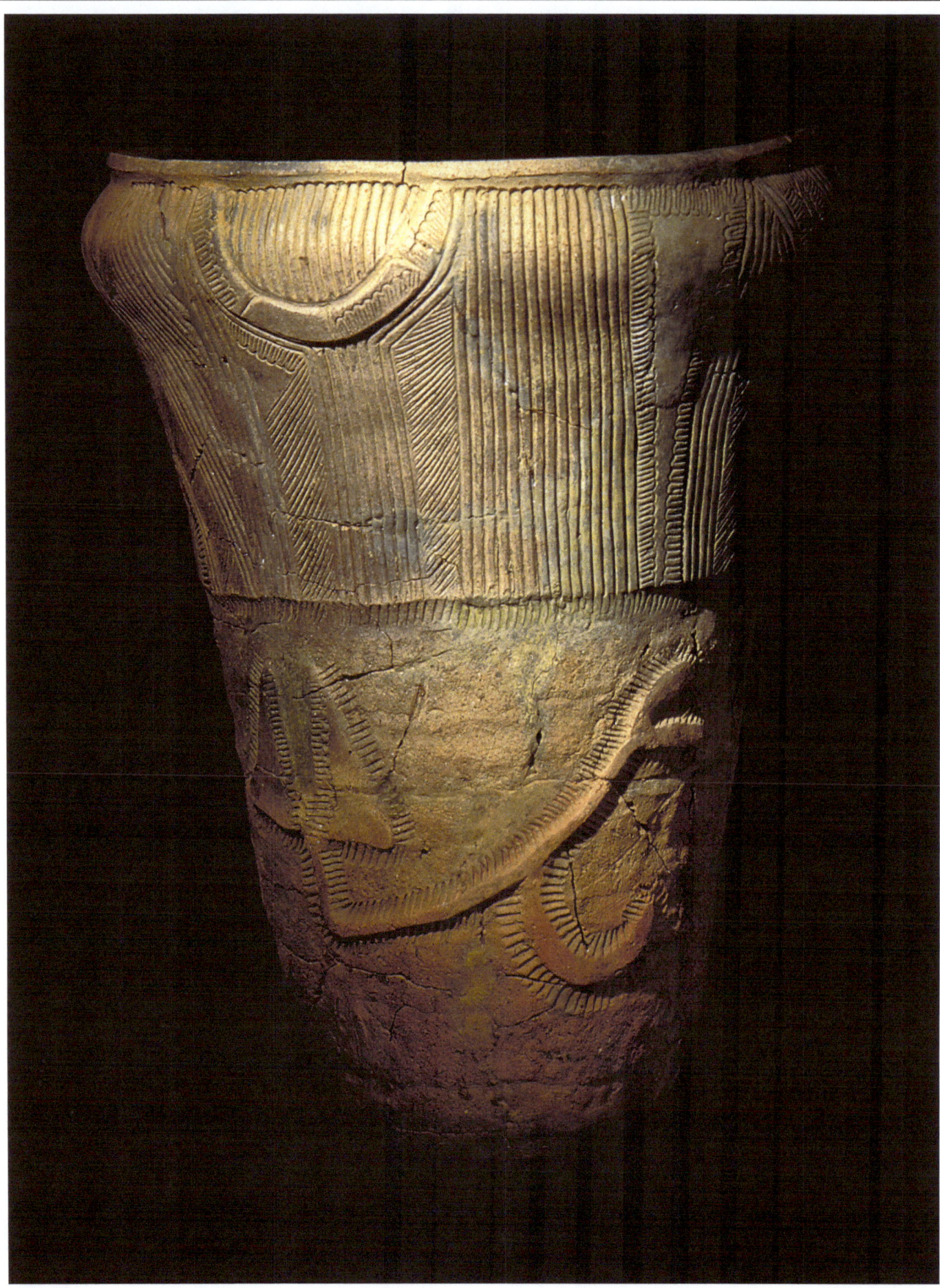

みづち文深鉢（みづちもんふかばち）

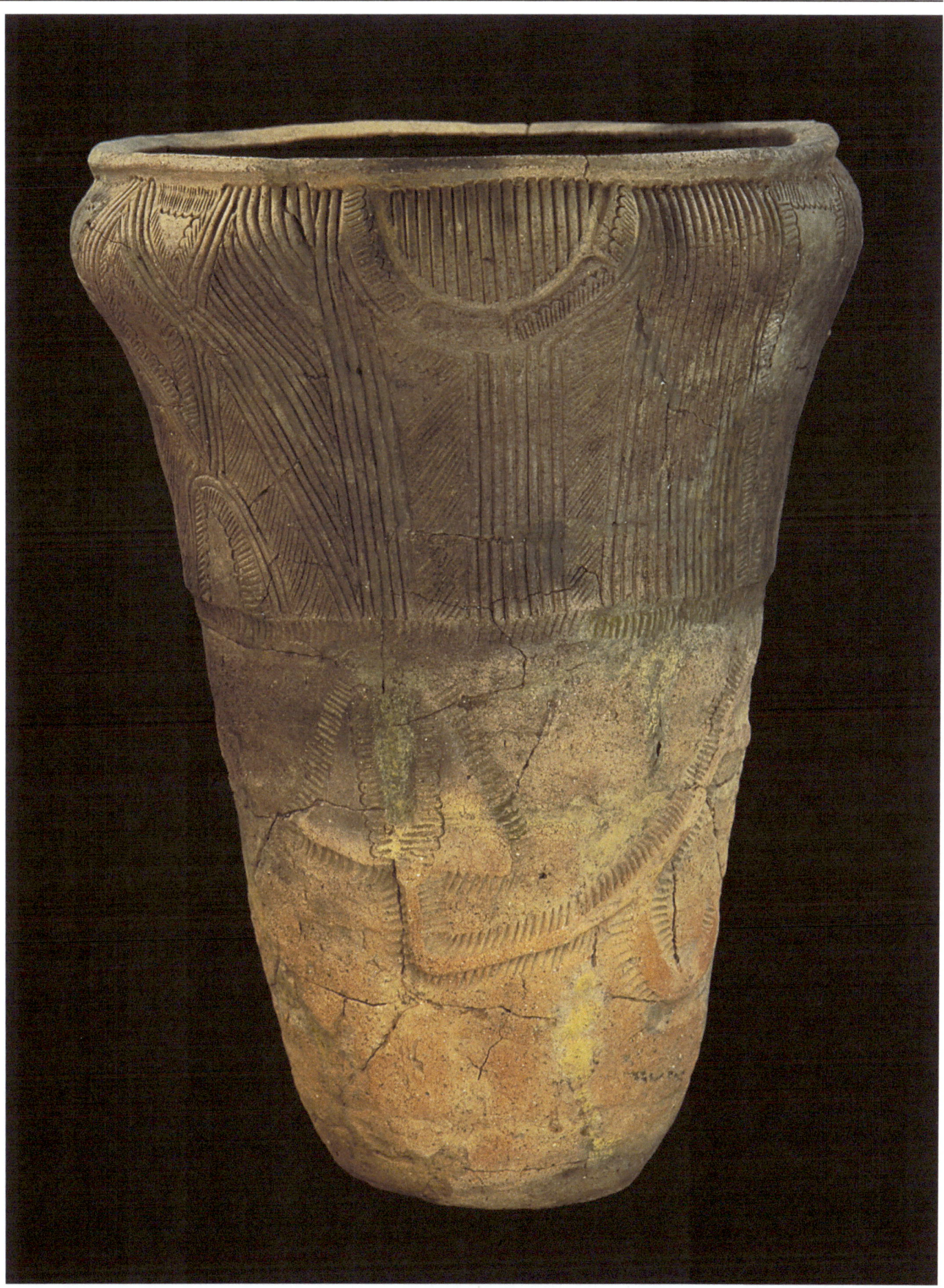

深鉢（ふかばち）
九兵衛尾根遺跡（きゅうべえおねいせき）
九兵衛尾根Ⅰ式
九兵衛尾根第3号住居址
昭和34年（1959年）　発掘
縄文中期初頭
約5000年前
42.1cm（高さ），28.7cm（口径）
井戸尻－P76,No.121
ID-004

　スラリとした胴の上部がふんわりと膨らみ、その上の口縁部は外へ開く。口唇は折り返されたようになっている。底部も裾広がりで安定感があり、この時期の特徴的な器形である。
　口縁は四箇所が小さな山形に盛り上がり、細かな刻みがつけられている。

（井戸尻考古館　小松隆史）

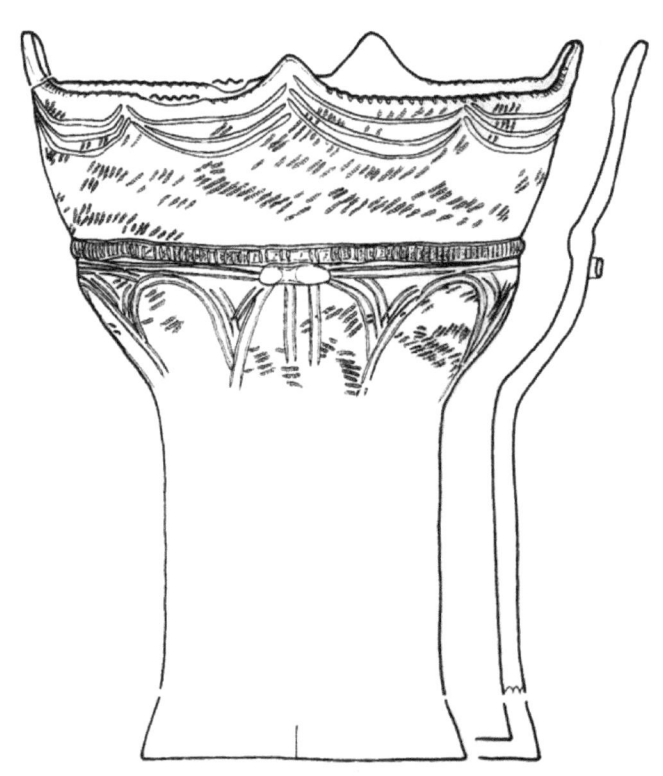

深鉢（ふかばち）

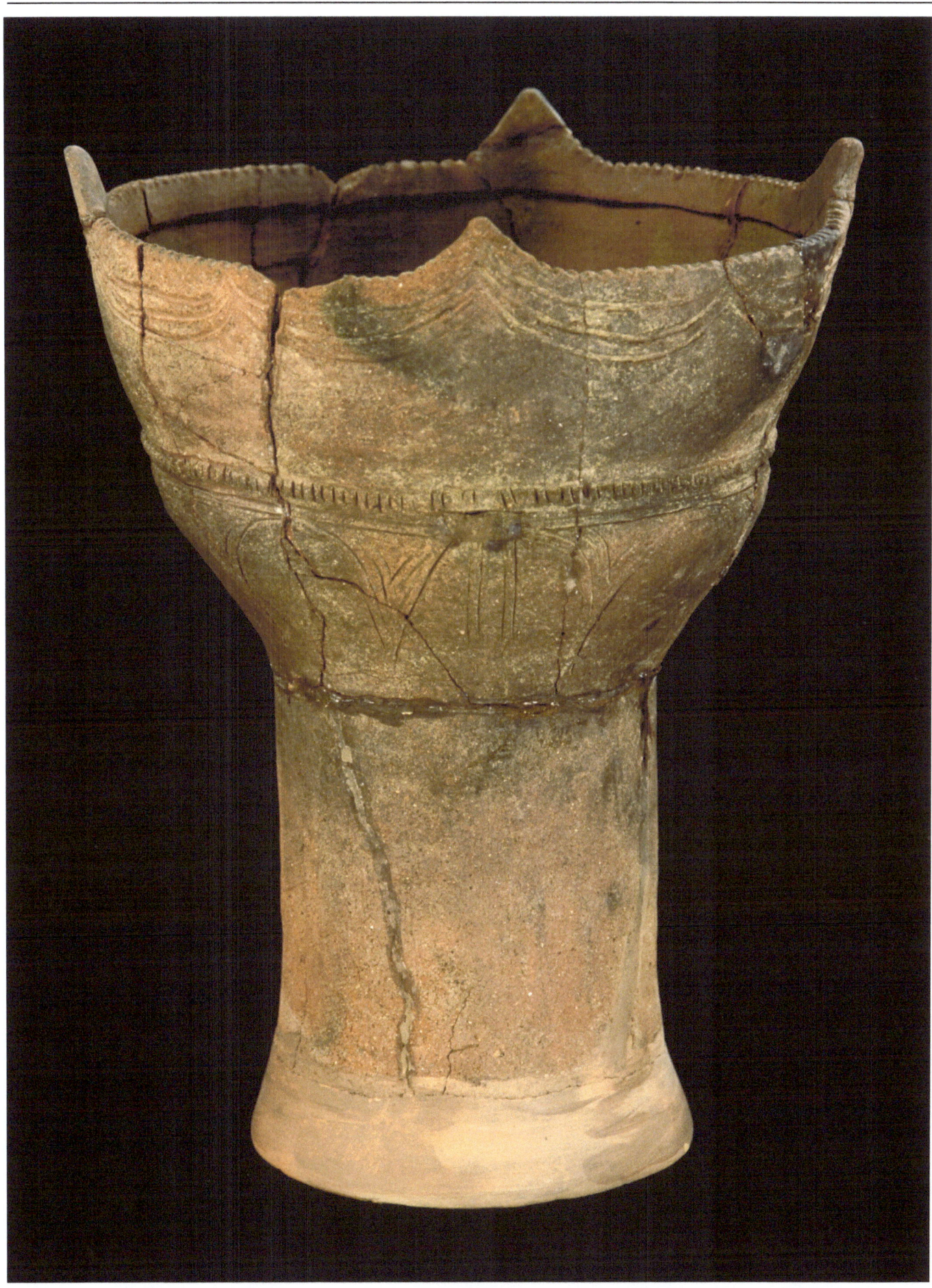

深鉢（ふかばち）

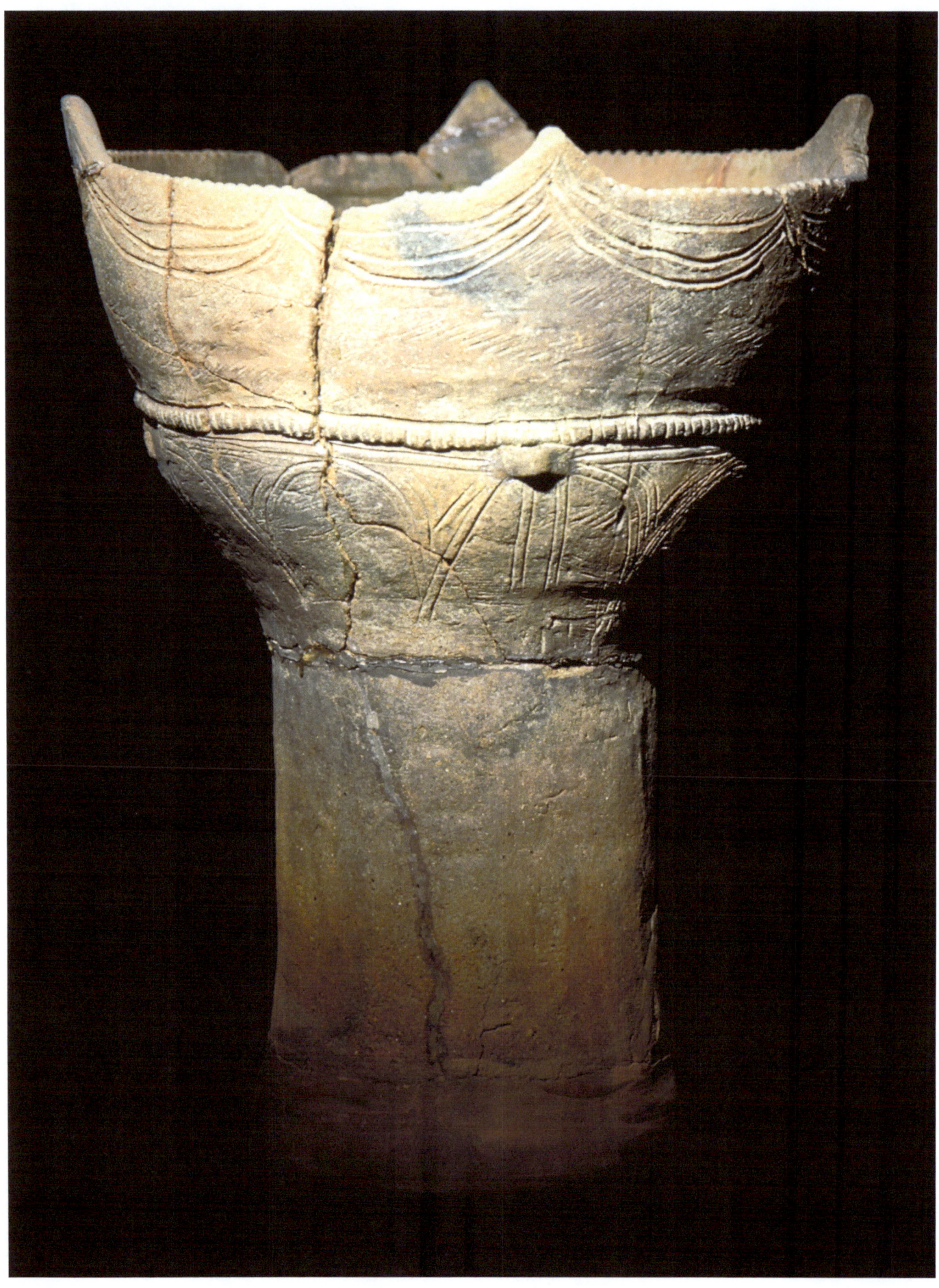

深鉢（ふかばち）

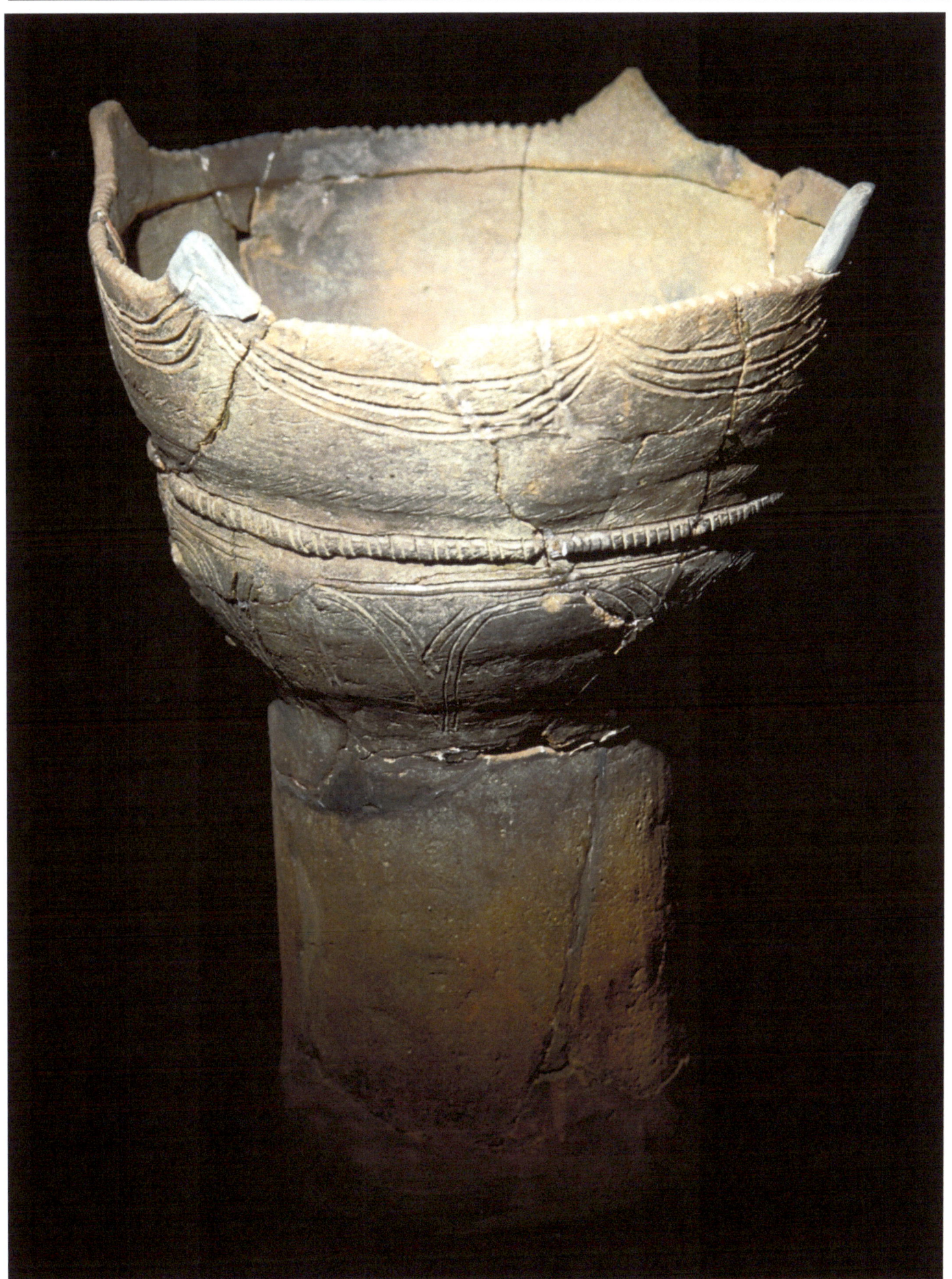

みづち文深鉢（みづちもんふかばち）
九兵衛尾根遺跡（きゅうべえおねいせき）
藤内Ⅰ古式
（狢沢第5号住居址）
昭和36年（1961年）　発掘
縄文中期中葉
約4700年前
34.5cm（高さ）, 23.5cm（口径）
井戸尻-P83,No.182
ID-013

　均整のとれた桶形の土器。土器の上部には縄文、胴部から底部は輪積み痕をのこし指頭圧痕がつく。そこに一対のみづちが遊泳するかのように貼りつき、それぞれが楕円文を背負っている。数あるみづち文土器の典型例である。
　みづちの姿もまた、大きく開いた口、三日月状の胴から尾が延び、湾曲した脚がつく典型的な姿である。みづちの表現は、隆線の脇を連続爪形文で縁取ったもので、胴は隆線からなる、いわば胴体の外郭線のみ。この表現はみづち文土器の最終段階のものである。
　みづち文は新道式期から藤内Ⅰ古式の短期間に現れるが、本誌に収録されたみづち文深鉢の中では、本作が最も新しいということになる。
　通常、この手の土器の文様構成は、みづち文のおかれる下半部と上半部とで全く異なった施文手法を用いている。下半は水界、上半は天界を表すとみられ、その背景に天地開闢の神話を読み取ることができるという指摘もある。

（井戸尻考古館　小松隆史）

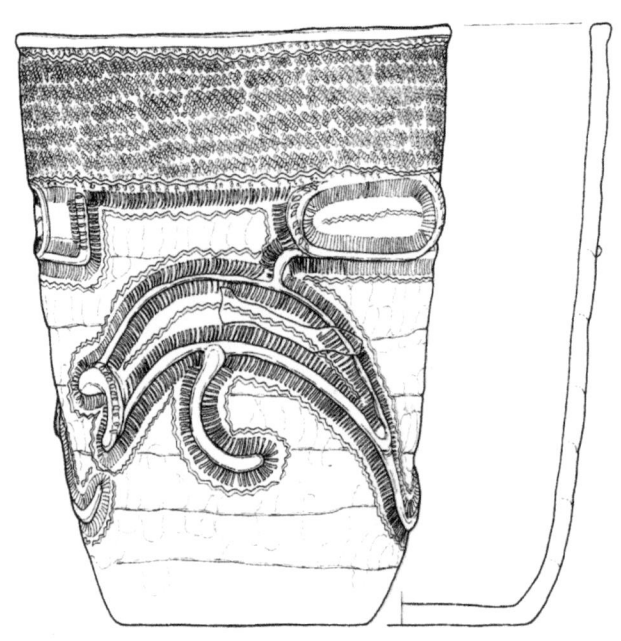

みづち文深鉢（みづちもんふかばち）

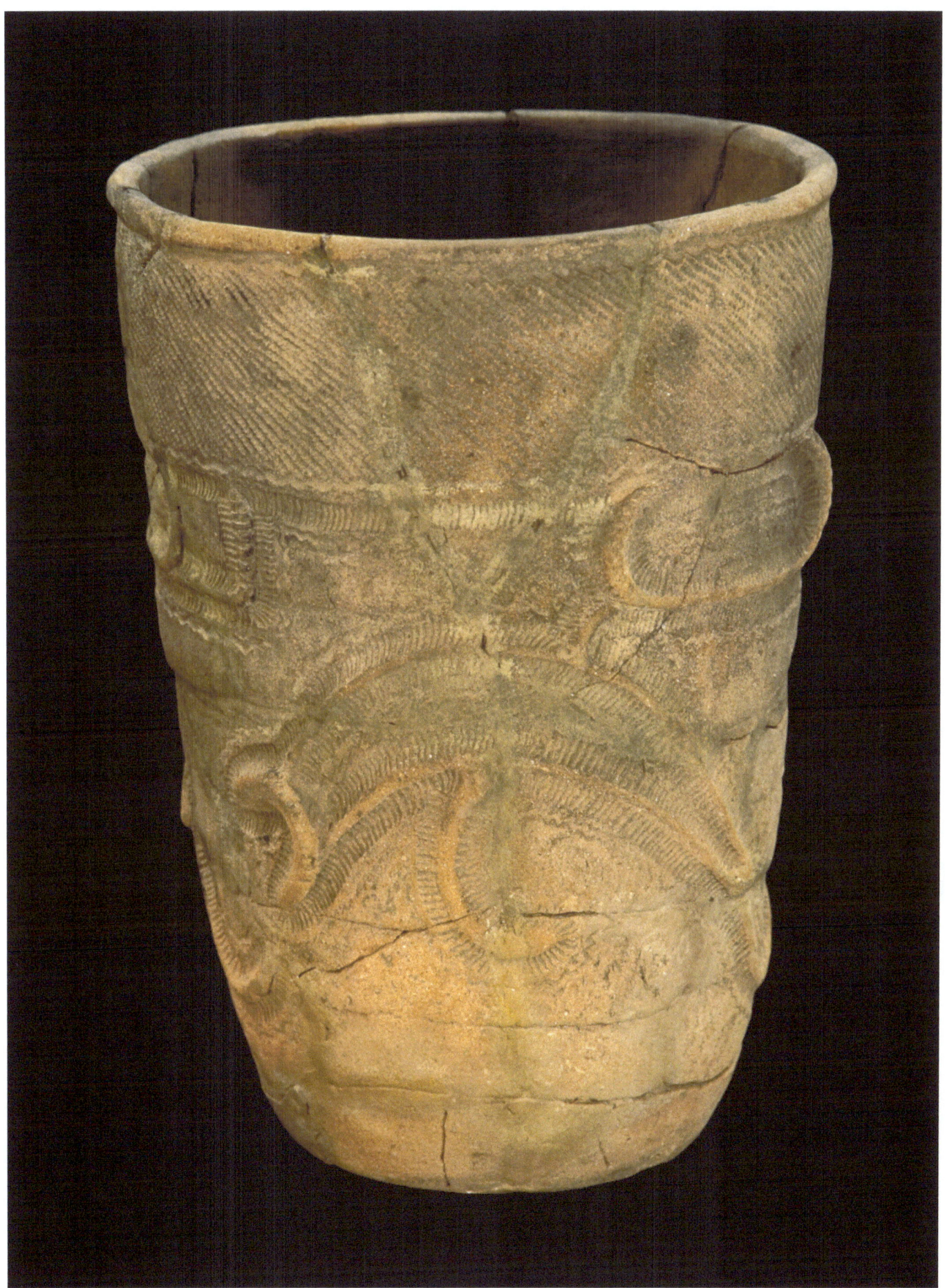

みづち文深鉢（みづちもんふかばち）

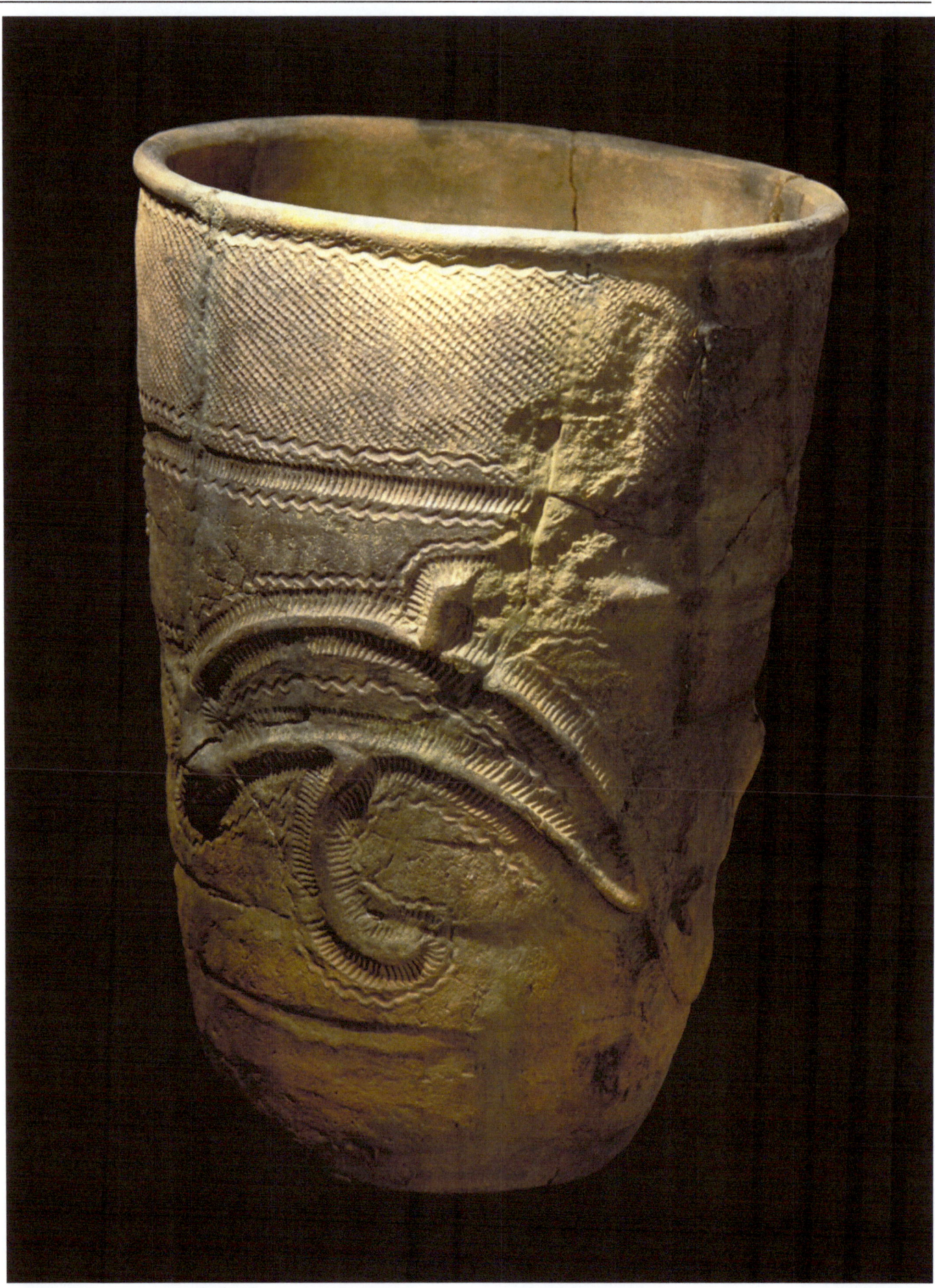

みづち文深鉢（みづちもんふかばち）

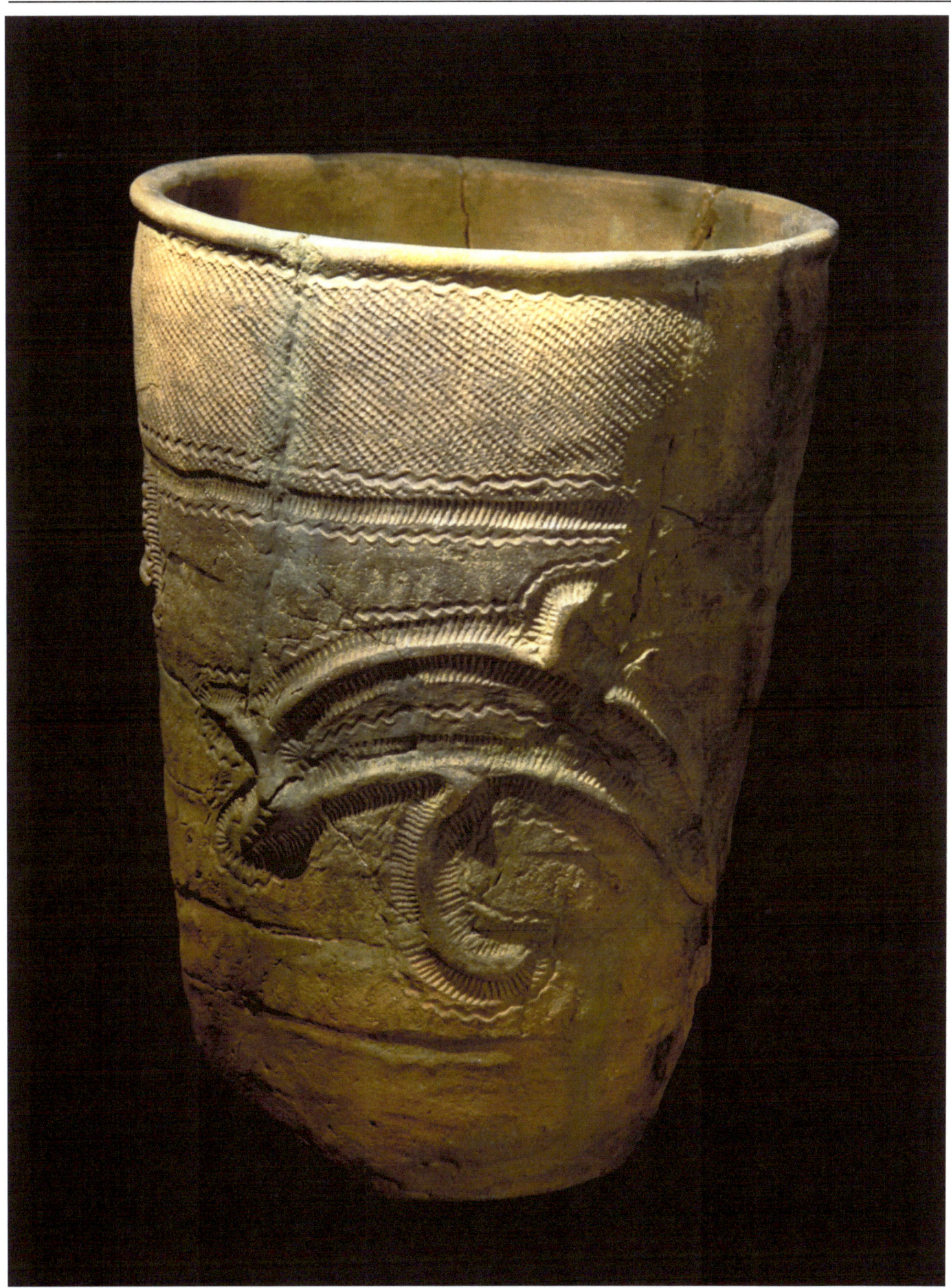

深鉢（ふかばち）
籠畑遺跡（かごばたいせき）
籠畑Ⅰ式
籠畑第10号住居址
昭和42年（1967年）　発掘
縄文前期末
約5100年前
48.3cm（高さ）、39cm（口径）
籠畑報告書-P55,No.7
ID-061

　スラリとした胴から口縁がゆるやかに開く、煮炊き用の深鉢。
　並行する半截竹管で仕切られた区画内は、格子目ないし並行する沈線で埋められている。口縁の一箇所のみ盛り上がり、その直下に「の」字を書くような渦巻状の隆帯が貼りつけられている。

（井戸尻考古館　小松隆史）

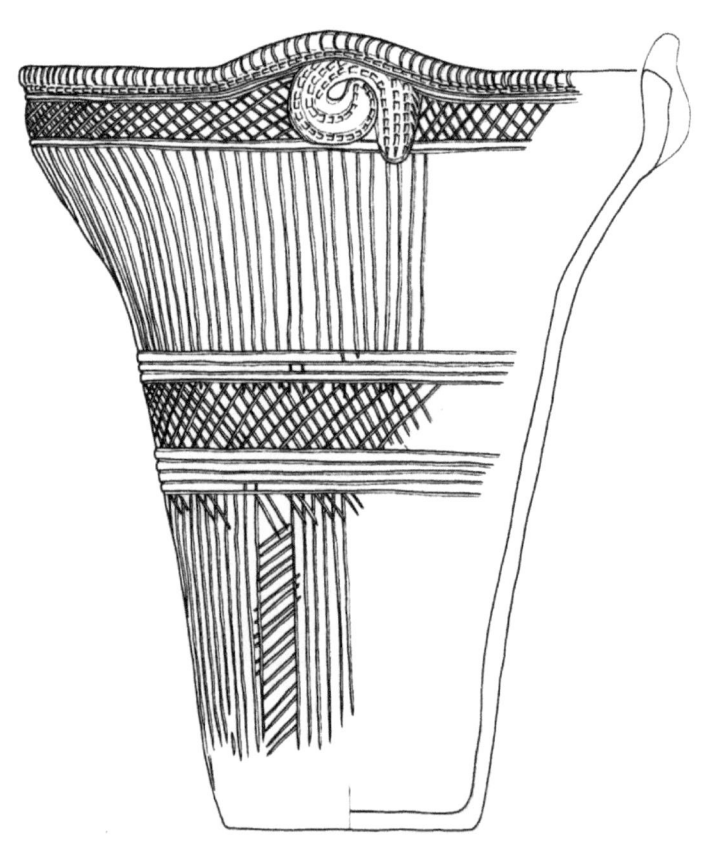

深鉢（ふかばち）

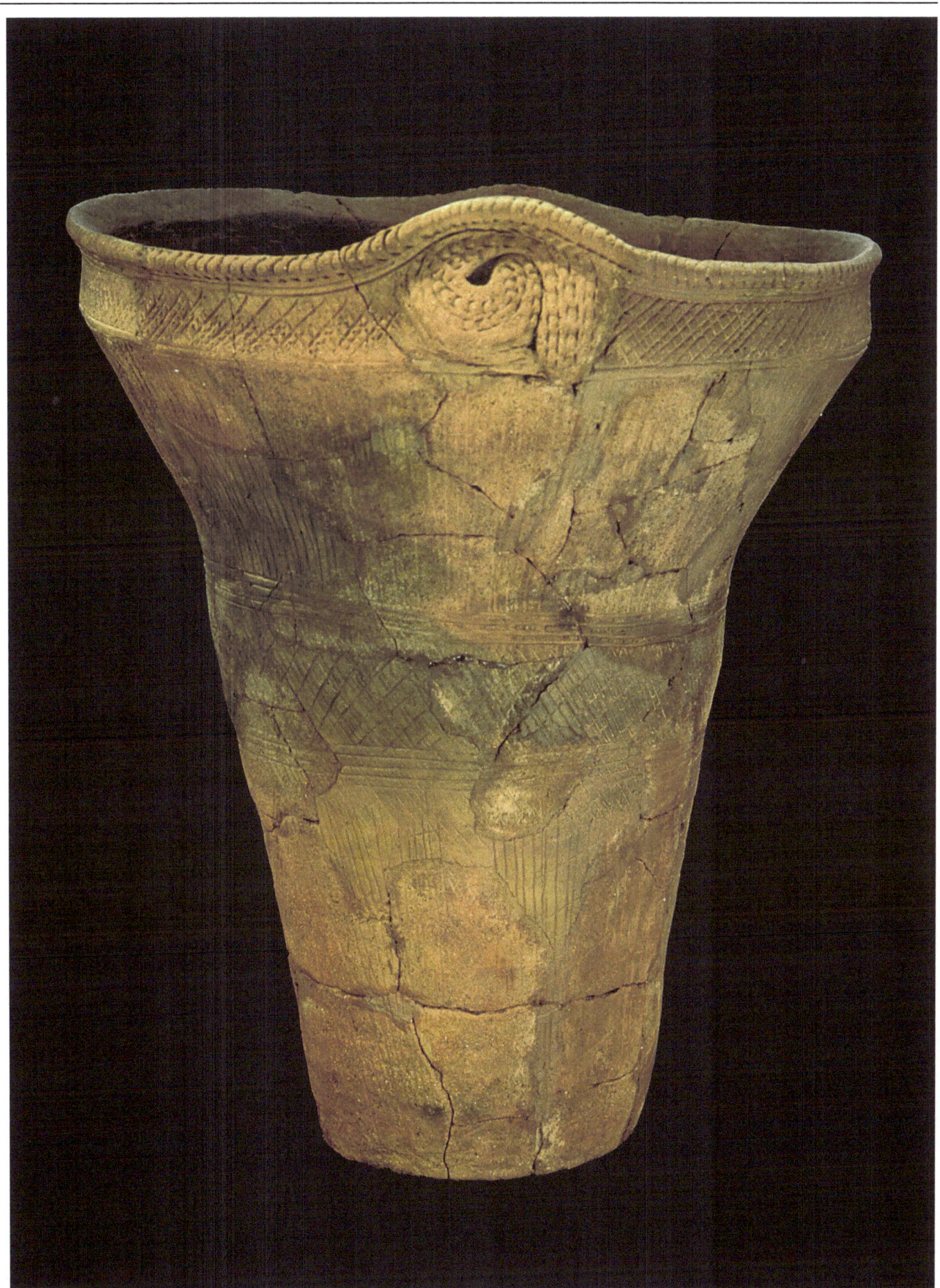

深鉢（ふかばち）

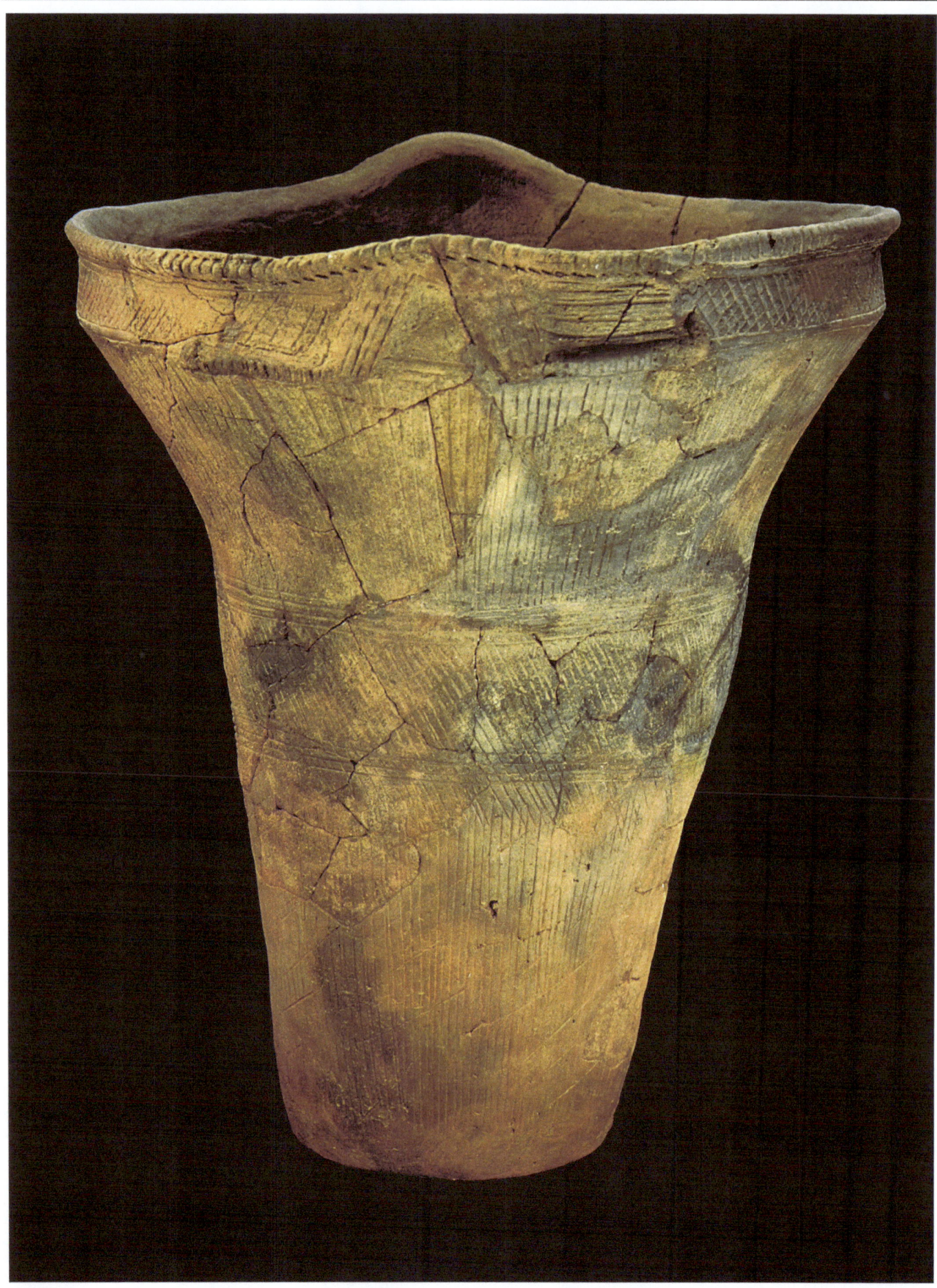

52

深鉢（ふかばち）

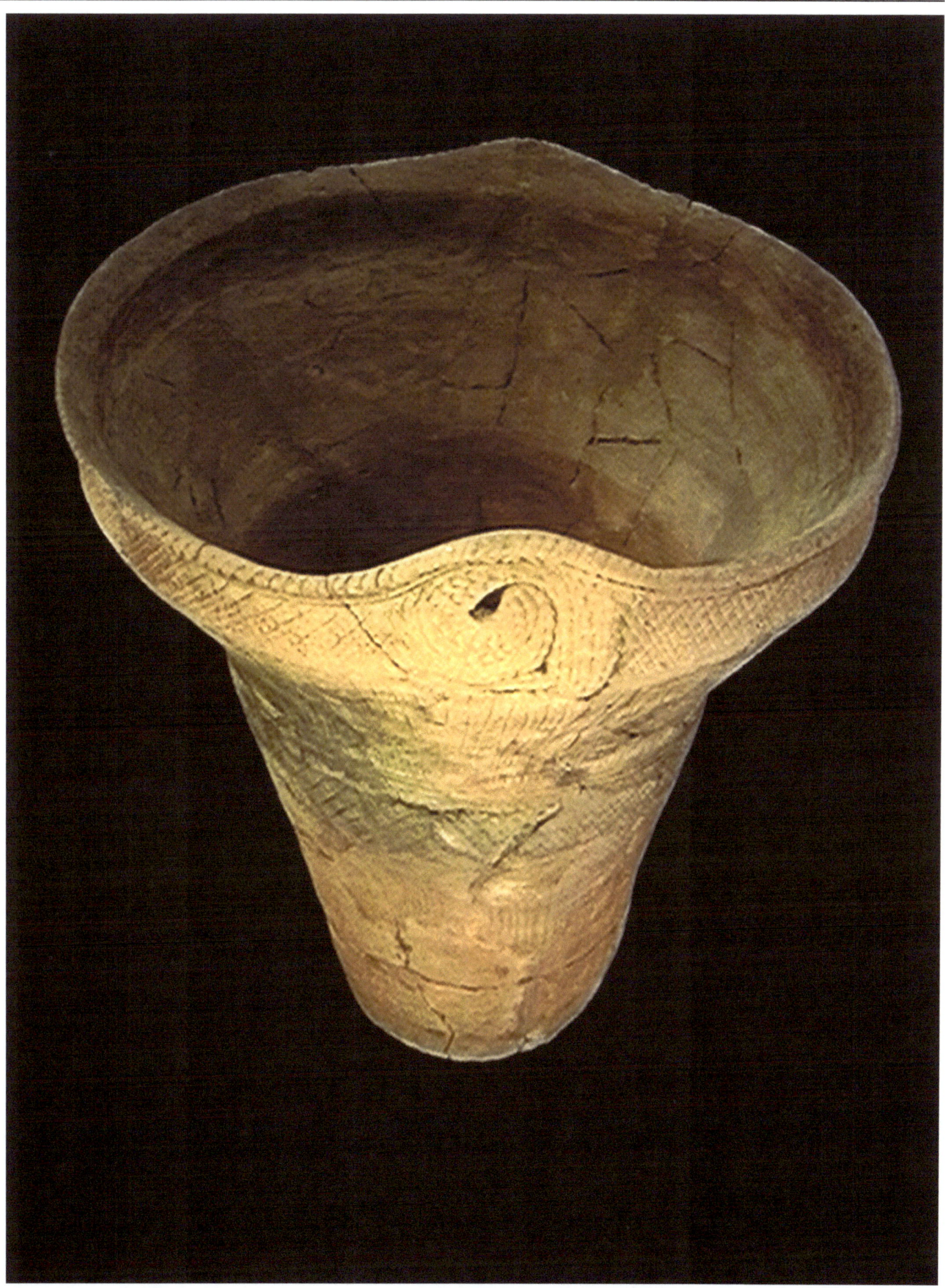

深鉢（ふかばち）
籠畑遺跡（かごばたいせき）
籠畑Ⅱ式
籠畑第 7 号住居址
昭和 42 年（1967 年） 発掘
縄文前期末
約 5100 年前
44.5cm（高さ）, 33cm（口径）
籠畑報告書 -P57,No.11
ID-063

　胴部の曲線がたおやかな煮炊き用の深鉢。底近くは火熱を受け、赤化している。
　並行する沈線で仕切られた区画内は格子目ないし並行する沈線で埋められ、要素は ID-061 の深鉢（p.48）に似るが、器形などはこちらの方がより中期的である。
　口縁の一部がせりあがるように高くなる。ここでは口縁部文様帯を下で区切る線が上方へ立ちあがり、上向きに解放されるかのようである。

(井戸尻考古館　小松隆史)

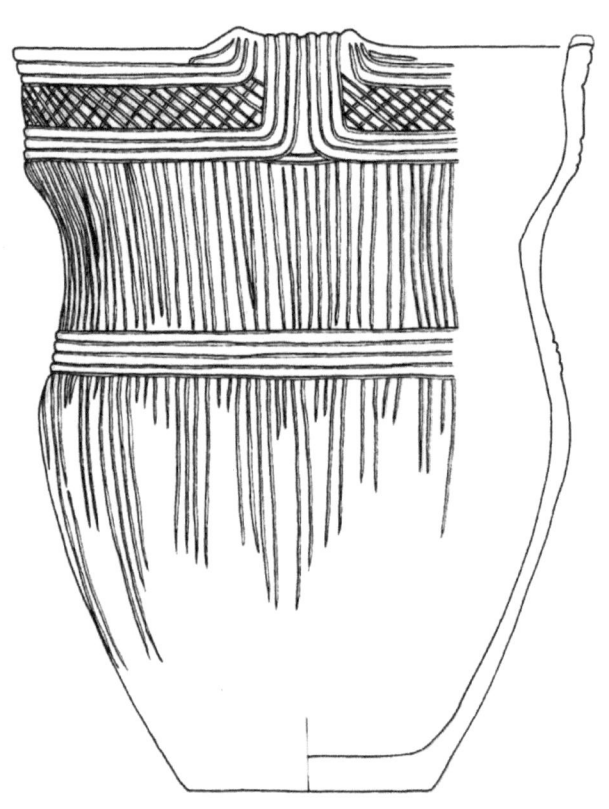

深鉢（ふかばち）

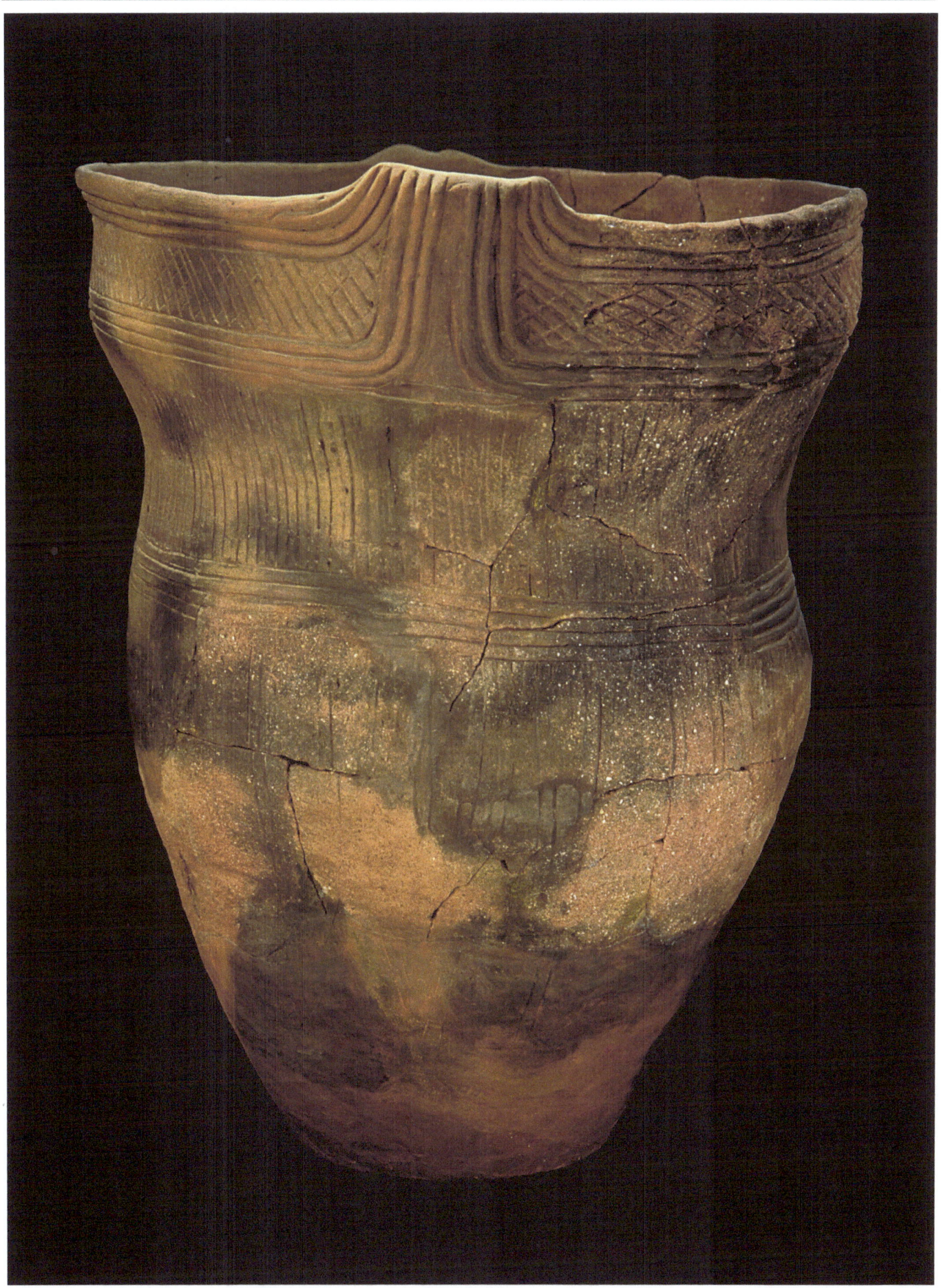

深鉢（ふかばち）

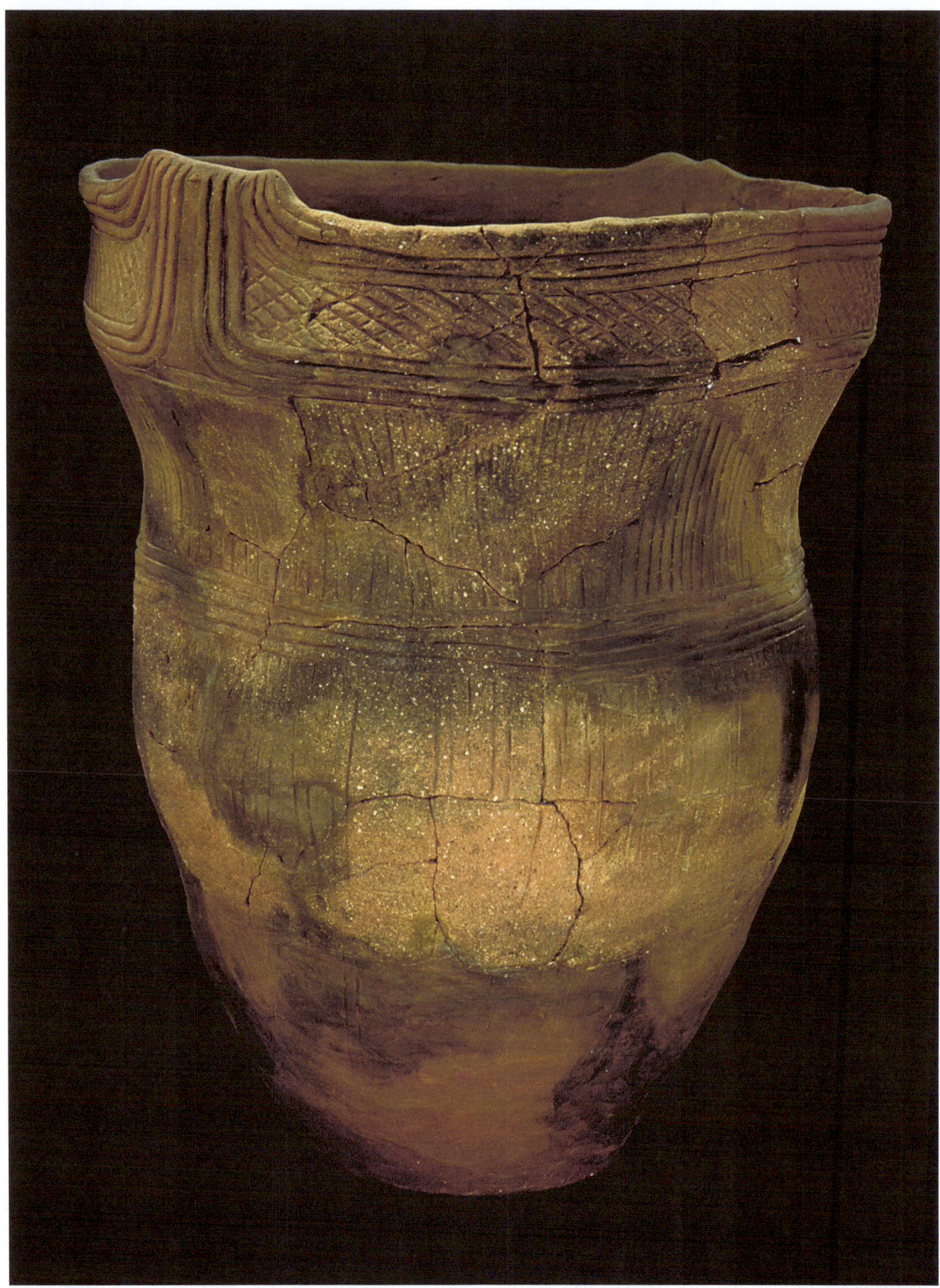

56

深鉢（ふかばち）

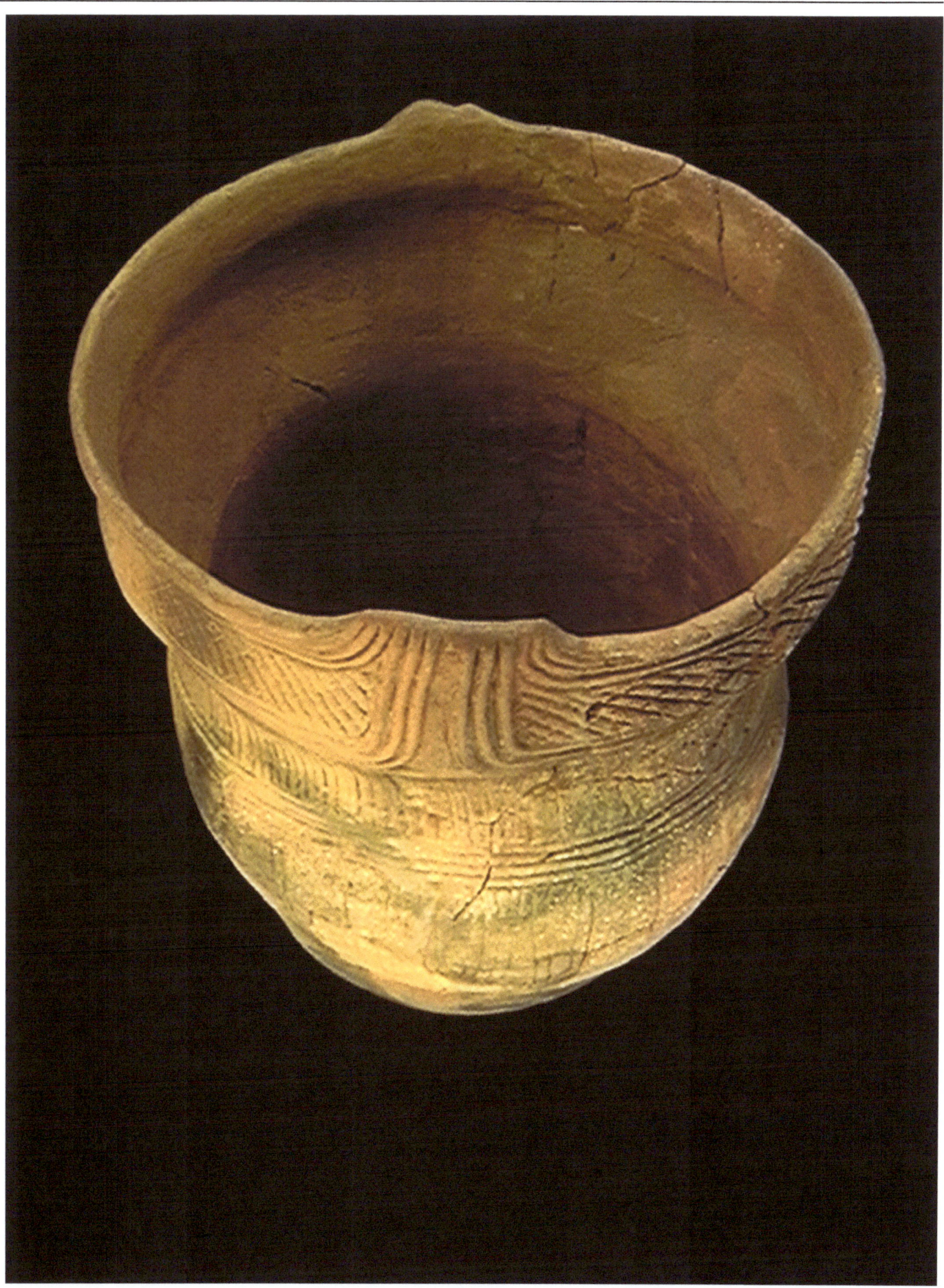

山形口縁台付状鉢（やまがたこうえんだいつきじょうばち）
籠畑遺跡（かごばたいせき）
籠畑Ⅰ式
籠畑第8号住居址
昭和42年（1967年）　発掘
縄文前期末
約5100年前
35.5cm（高さ）,26cm（口径）
籠畑報告書-P55,No.9
ID-001

　胎土は細かく赤褐色を呈した焼成の良い土器である。器形及び施文の特徴としては、結節状文と同じ施文具を2～3本束ね、結節状文の場合と逆にして押引いた連続コの字文を用いている。器形は、連続コの字文を施文した棒状貼付文と、連続コの字文を配した内彎する口唇をもつ塔状把手と、ひきしまった胴部にはつまみ状把手4個を伴った2条の棒状貼付文をめぐらす。底部は強くて外反する。胴部の連続コの字文は人体状に配列している。

（武藤雄六）

　前期後葉の諸磯c式にみられる波状口縁深鉢の、口縁部の形状や胴部下半のくびれが強くなった姿であり、一見すると台のように見える底部は台ではなく、胴からひとつながりになっていて、幅のある文様帯をなしている。同様の器種であるID-002の土器（p.60）に比べて口縁の開きが少ない。煤やお焦げはなく、用途は不明である。

　本作は列点による集弧文で全面を覆われ、強い山形の口縁は、口唇部が折り返されたようになっている。また胴部の双環は、帯のようにすべて連なっている。

　武藤雄六は「山麓考古」のなかで強烈な印象を与える山形の口縁について、まさに「山」それも強大な力を備えた独立峰、富士ではないかと考察している。

（井戸尻考古館　小松隆史）

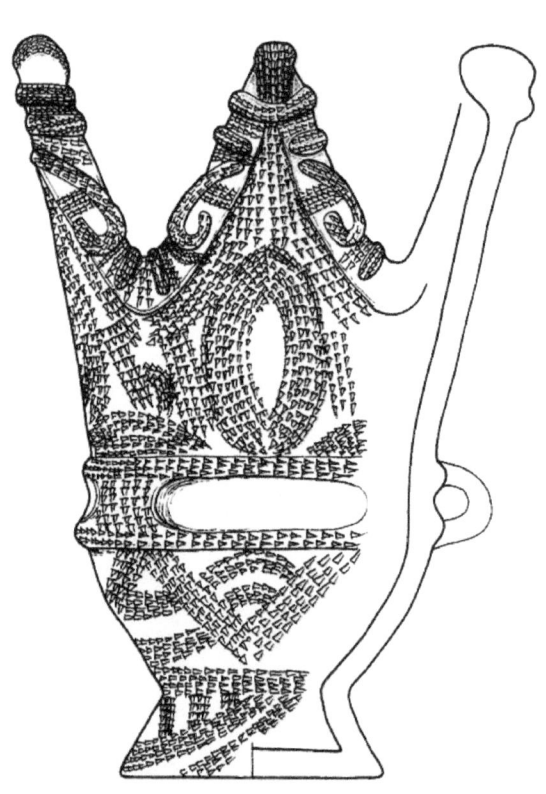

山形口縁台付状鉢（やまがたこうえんだいつきじょうばち）

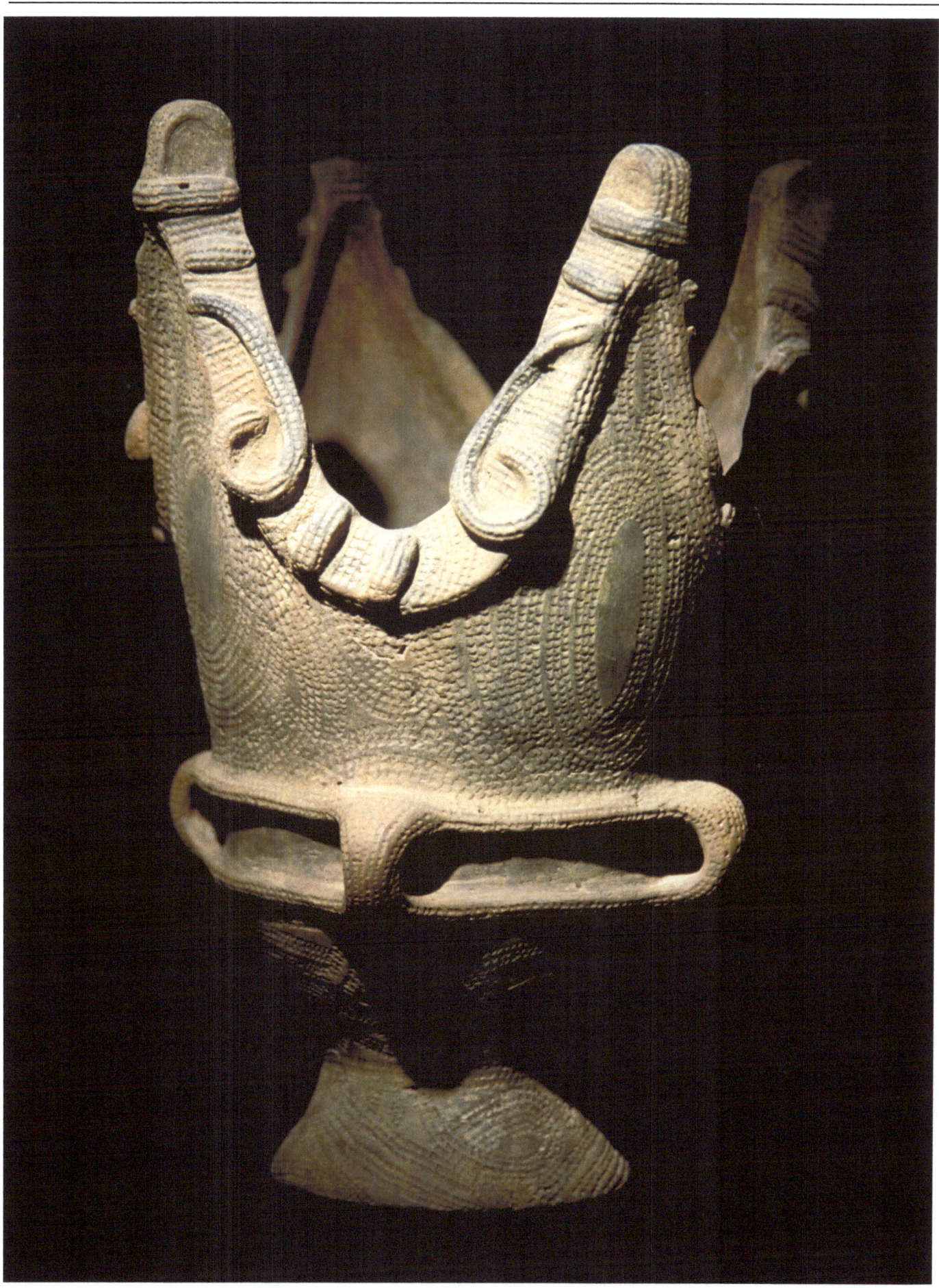

山形口縁台付状鉢（やまがたこうえんだいつきじょうばち）

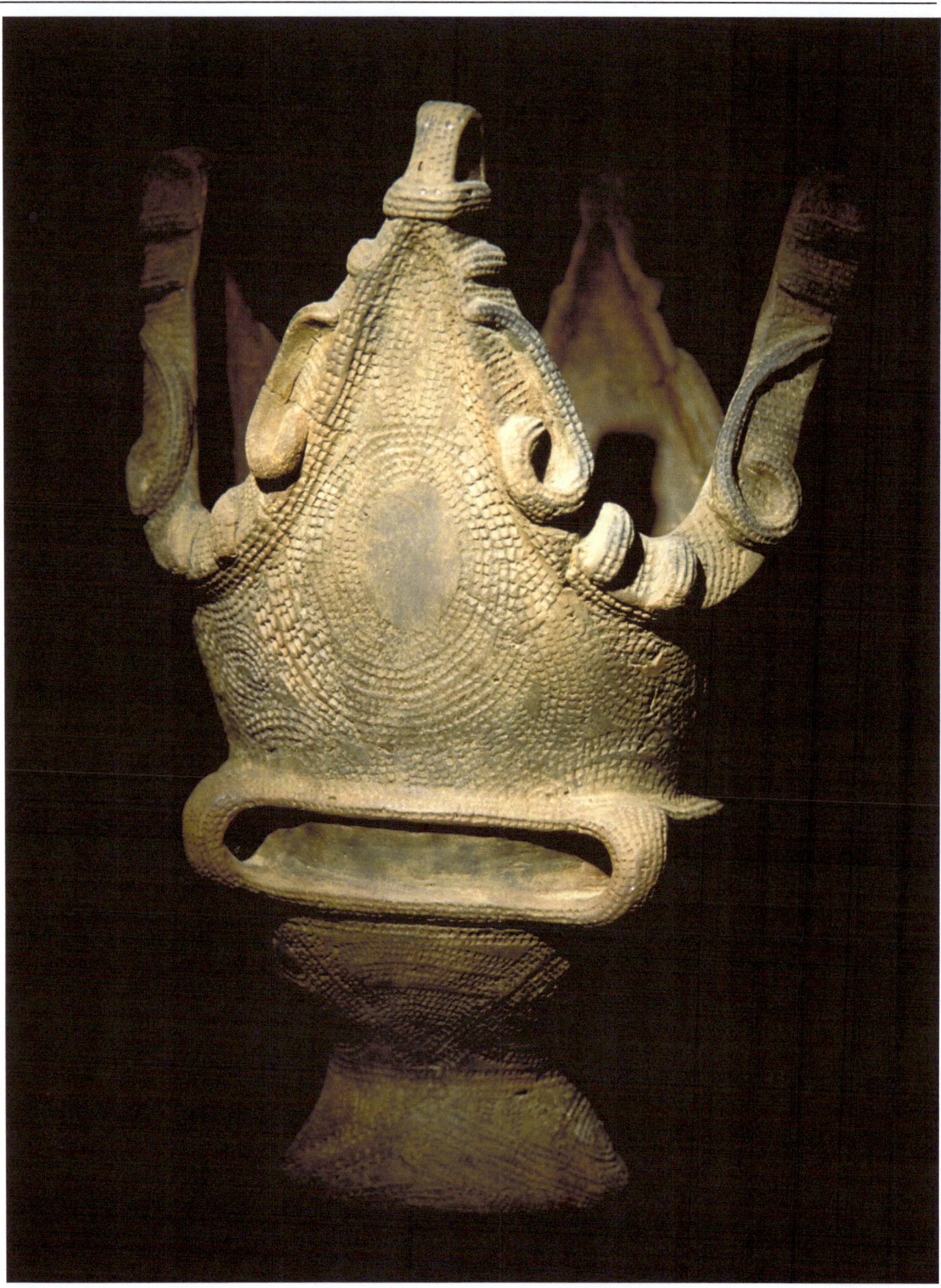

山形口縁台付状鉢（やまがたこうえんだいつきじょうばち）

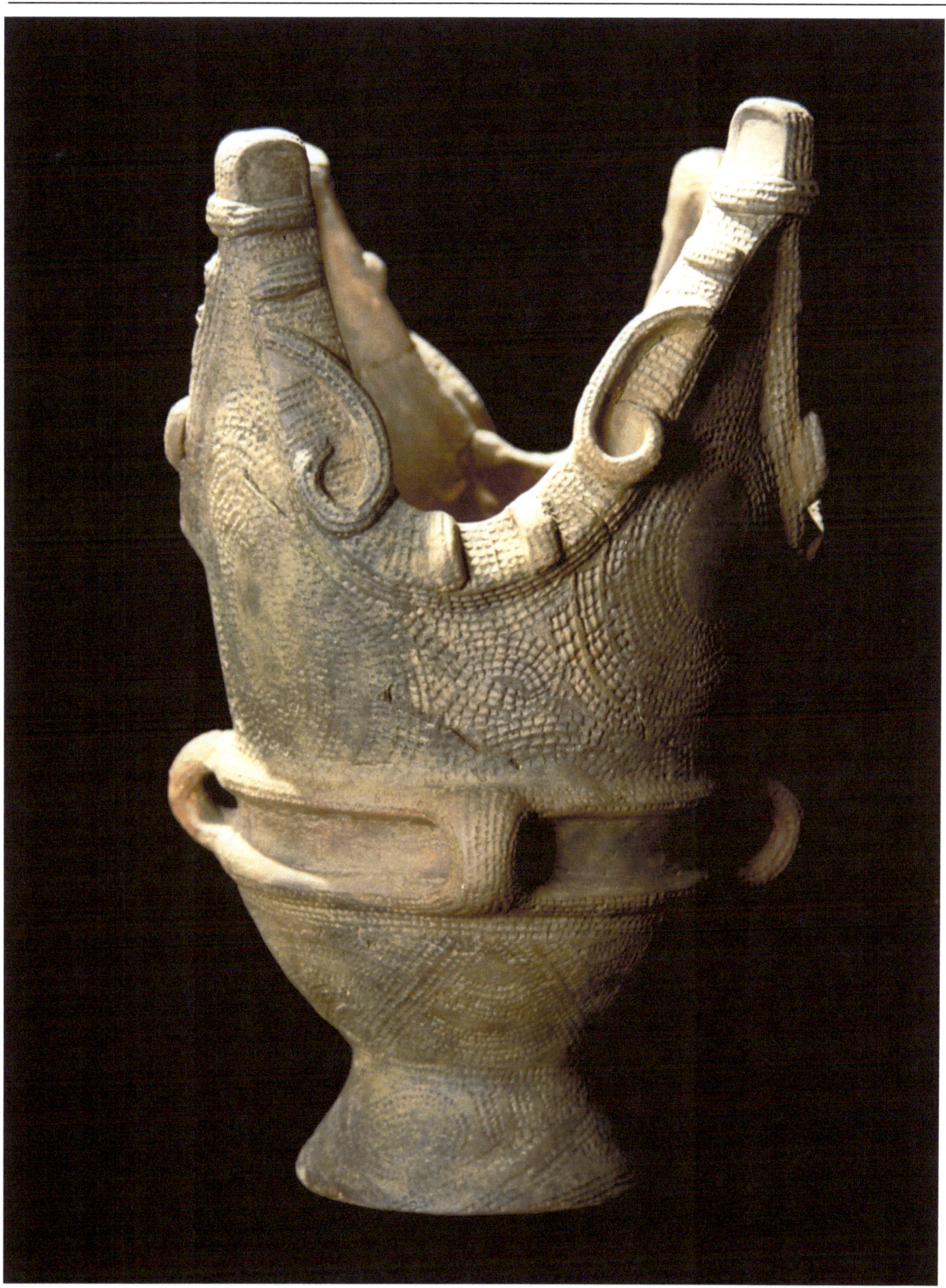

山形口縁台付状鉢（やまがたこうえんだいつきじょうばち）
籠畑遺跡（かごばたいせき）
籠畑Ⅰ式
遺構外
昭和37年（1962年）　発掘
縄文前期末
約5100年前
32.2cm（復元高）、26cm（口径）
井戸尻-P76,No.82
ID-002

　ID-001の土器と同様の器形だが、本作は口縁の開きがより大きい。底部と大きく立ちあがる山形口縁の上部は失われている。口唇に折り返しはみられないが、縁取るように鋸歯状の文様がある。胴部の双環より上は細かな列点による集弧文、双環から下は大胆な刺突文となっている。煤は少し付着しているが、お焦げはみられない。

　このような器形が前時代の波状口縁深鉢からくることはp.56に書いた。そしておそらく次の時代の九兵衛尾根Ⅰ式のP40、ID-004のような土器に変遷していくのだろう。その中にあって、この時代の器形は、武藤雄六が指摘するように、もはや「波」というよりは「山」であろう。一説によれば、富士が現在みるような麗しい成層火山の山容を整えたのは、このころであったとされている。八ヶ岳の南麓から、彼方に炎と煙を噴き上げる火の山を見ていた人々がこのような土器を生み出したことは、あながち無関係とは言えないのではないだろうか。

（井戸尻考古館　小松隆史）

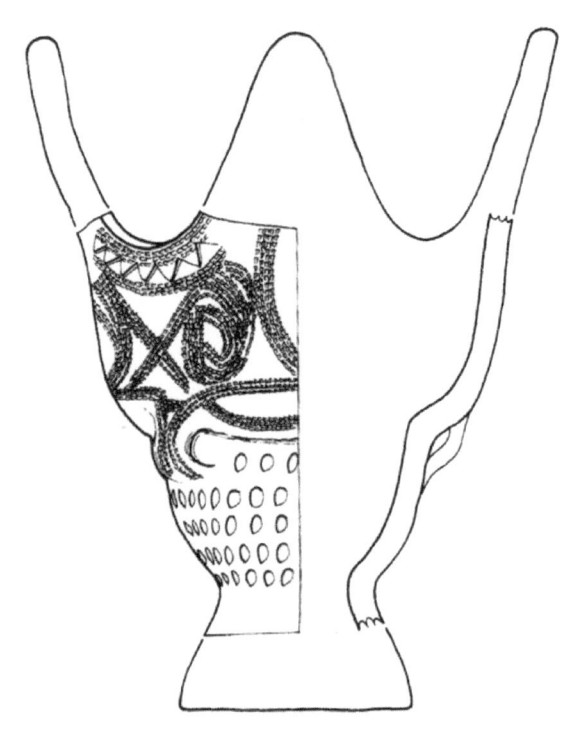

山形口縁台付状鉢（やまがたこうえんだいつきじょうばち）

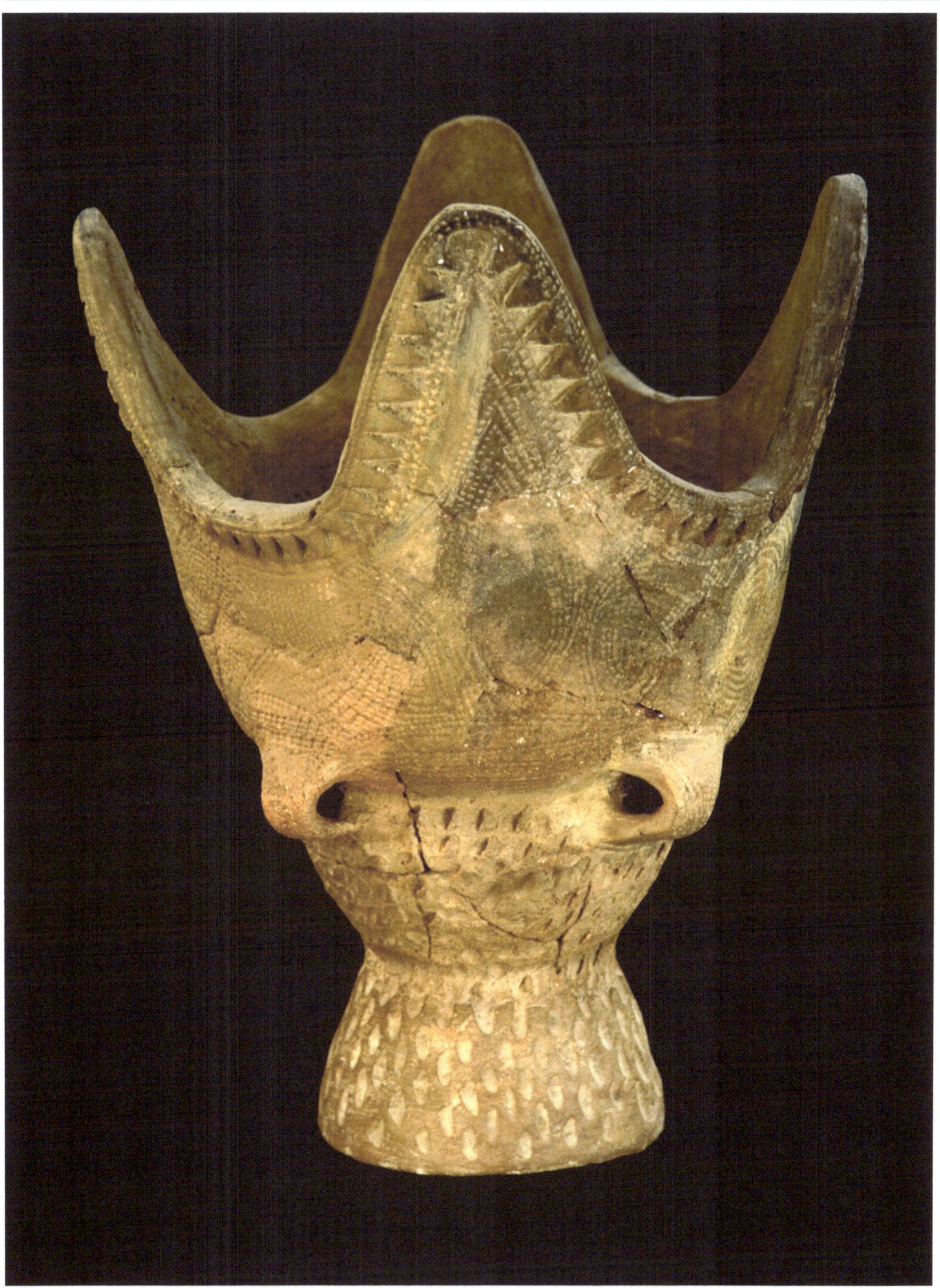

山形口縁台付状鉢（やまがたこうえんだいつきじょうばち）

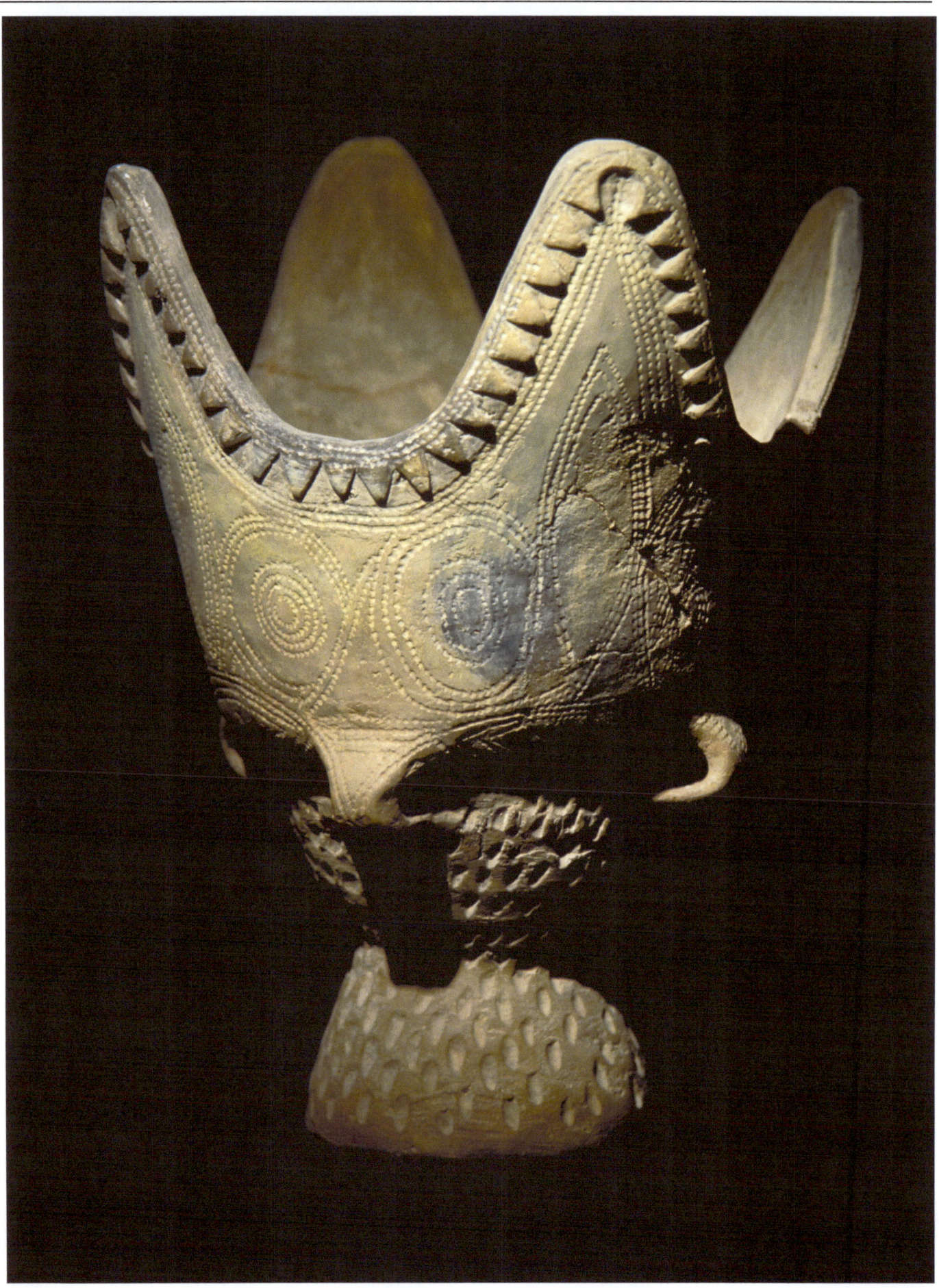

山形口縁台付状鉢（やまがたこうえんだいつきじょうばち）

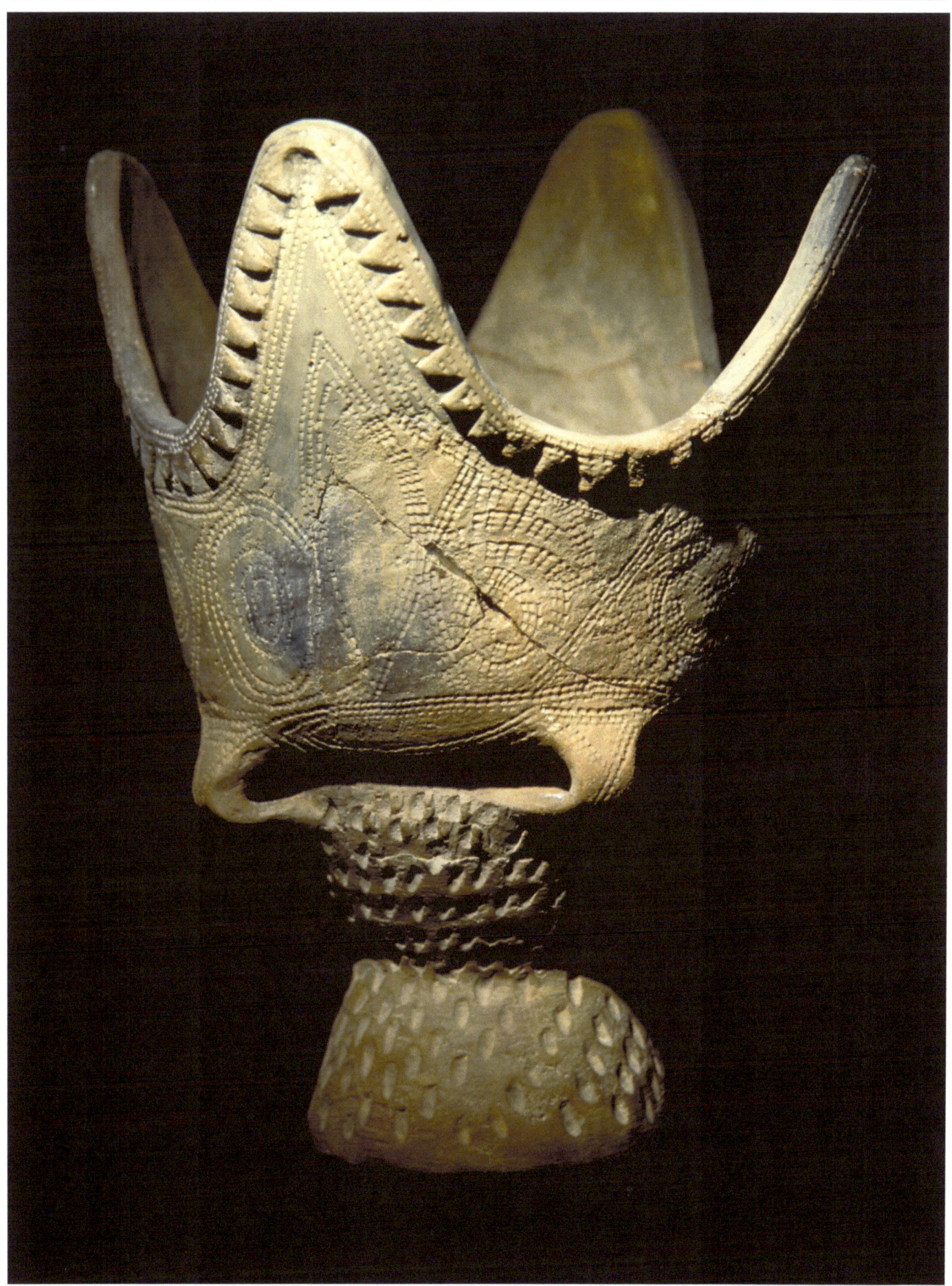

深鉢（ふかばち）
籠畑遺跡（かごばたいせき）
籠畑Ⅱ式
籠畑第9号住居址
昭和42年（1967年）　発掘
縄文前期末
約5100年前
31.1cm（高さ）、30cm（口径）
籠畑報告書-P57,No.13
ID-003

　上方に大きく開く口縁や、鋭角的に外へ張り出す底部の造形は、前期の最末から中期初頭の深鉢の特徴である。煮炊き用であるが、本作にはあまり煤はついておらず、お焦げもない。
　非常に細かな沈線と陰刻、玉抱き三叉文などによって装飾されており、このような特徴は同時期の土器に見ることができる。中期の井戸尻文化の土器に見られるような、豪放華麗な立体装飾ではないが、繊細な施文と、剃刀刃で刻んだような細く鋭い沈線は、土器づくりの技術の高さをまざまざと見せつけてくれる。

（井戸尻考古館　小松隆史）

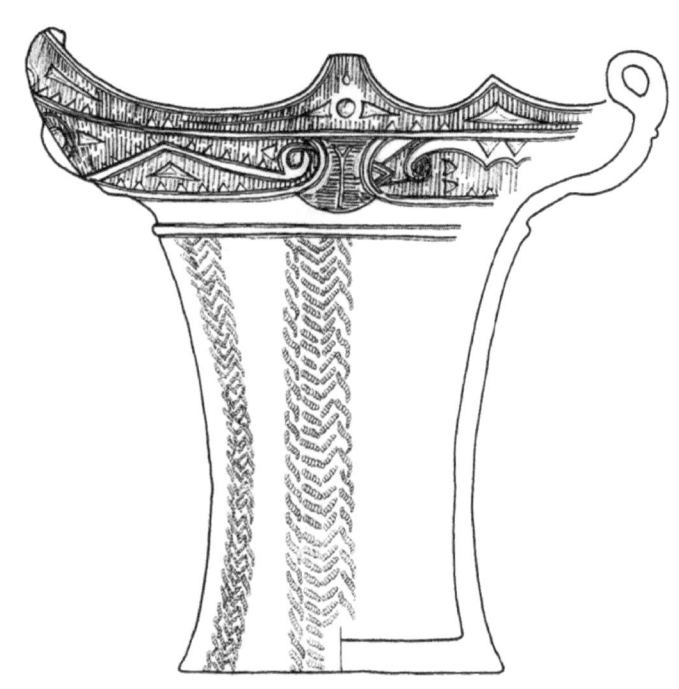

深鉢（ふかばち）

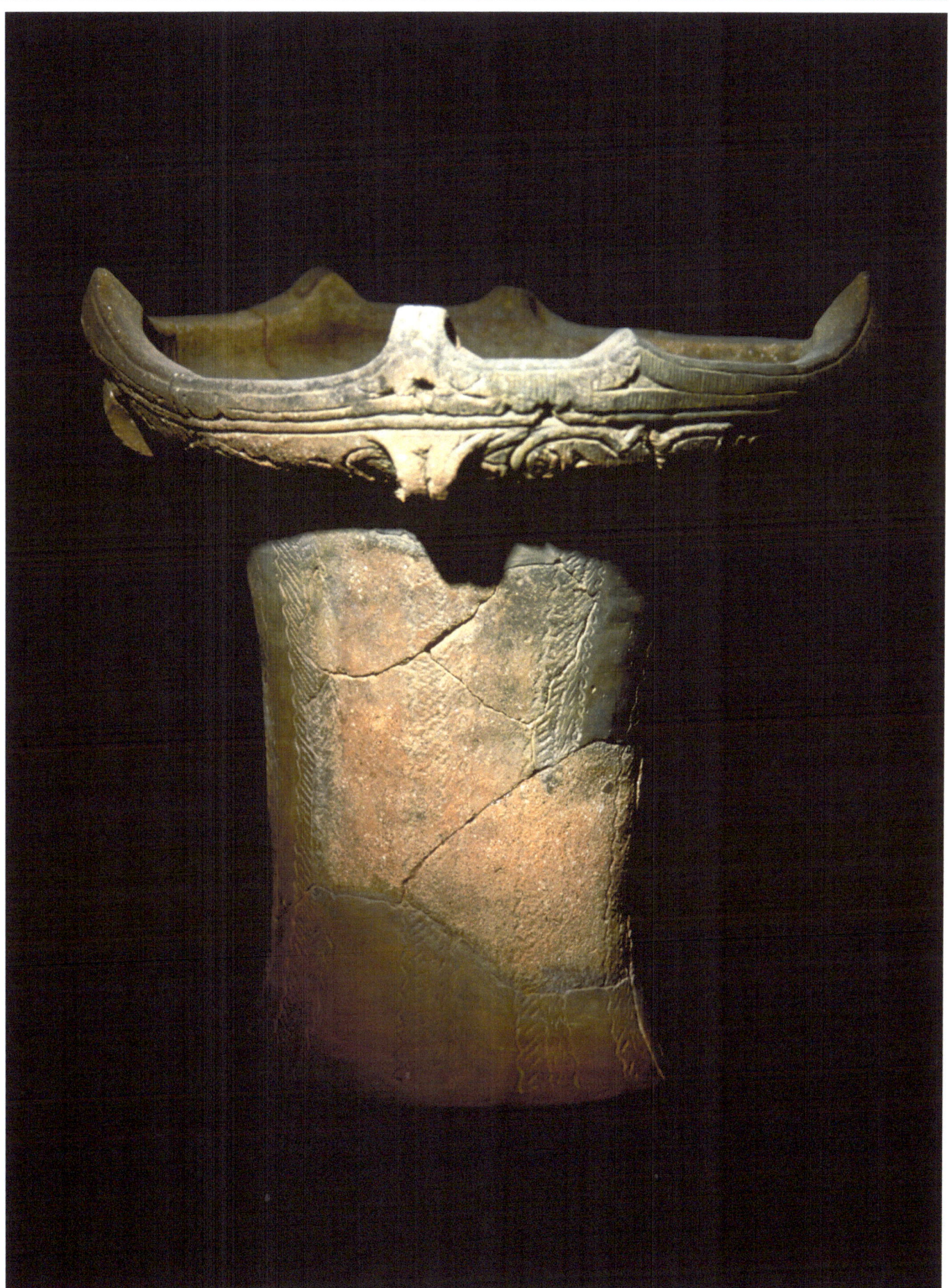

深鉢（ふかばち）

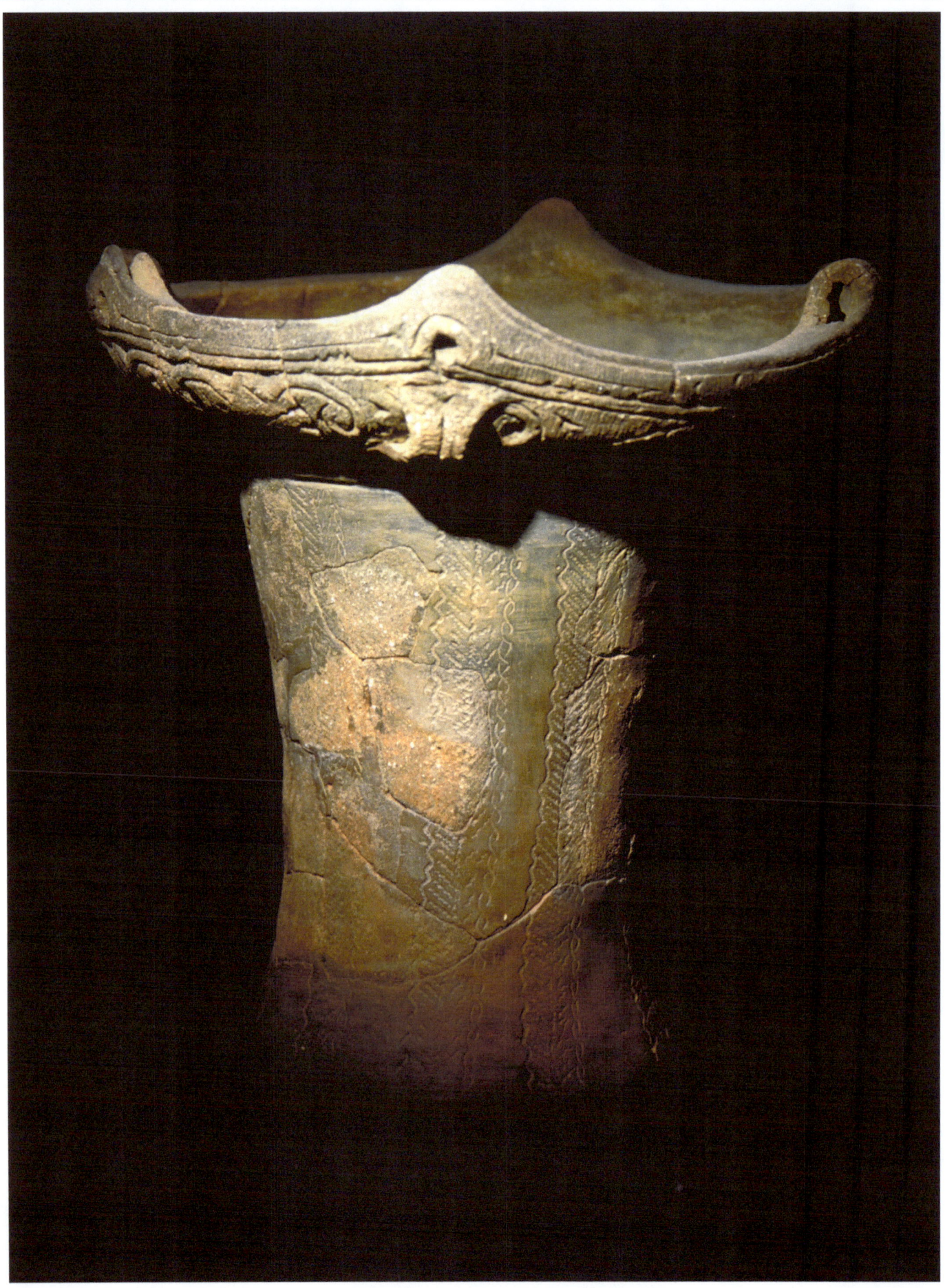

深鉢（ふかばち）

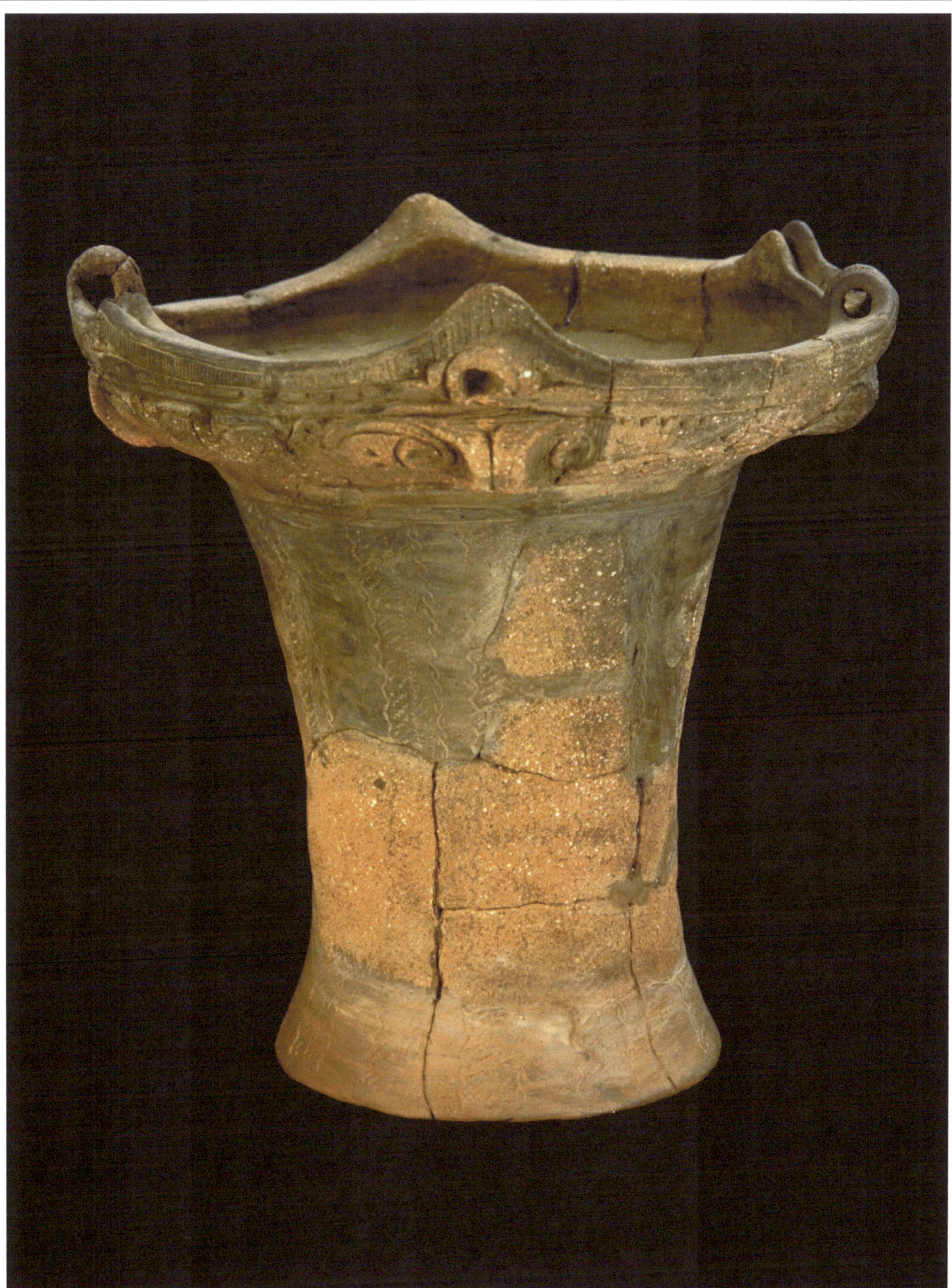

図録 井戸尻の縄文土器 全8巻

本図録は、長野県富士見町井戸尻考古館ならびに、以下、アマゾンのサイトからご購入いただけます。
カラー・モノクロ版　http://www.amazon.co.jp/

　井戸尻考古館では、主として縄文土器・土偶に関し、かねてより発掘資料の画像データベース化を進めてきましたが、この度、一般向けに遺跡別の図録をオンデマンド出版のかたちで刊行することになりました。写真については画像データベース構築の際に撮影した多視点画像のうち、土器ごとに最小3点を選び、1ページに1点という方針で割り付けることに」しています。遺跡ならびに土器については、藤森栄一編「井戸尻」、富士見町教育委員会編「藤内」「曾利」「唐渡宮」など各遺跡の調査報告書を基に井戸尻考古館が解説を加えています。

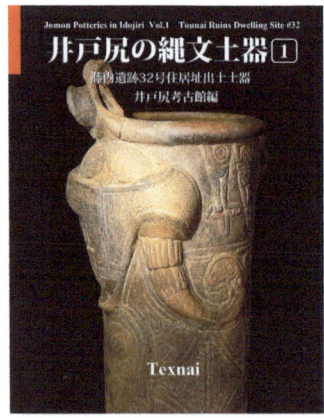

第1巻
藤内遺跡32号住居址出土土器
10点
レターサイズ　64ページ
既刊

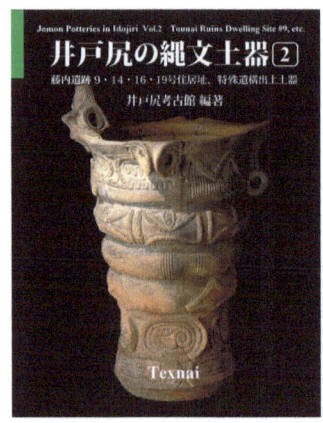

第2巻
藤内遺跡9・14・16・19号
住居址・特殊遺構出土土器 15点
レターサイズ　76ページ
既刊

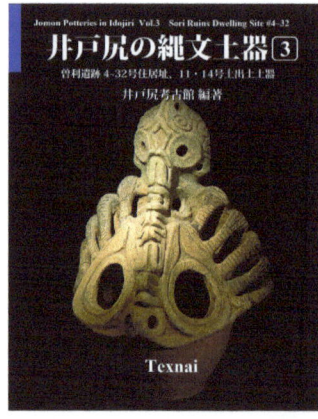

第3巻
曽利遺跡4・20・29・30・32号
住居址他出土土器 12点
レターサイズ　64ページ
既刊

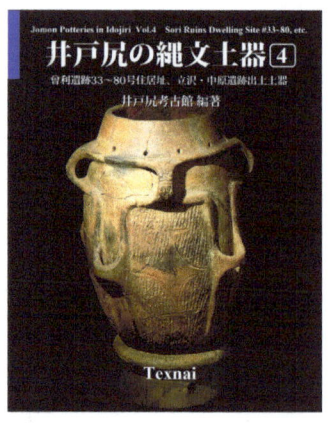

第4巻
曽利遺跡33〜80号住居址、立沢・大畑・坂上遺跡出土土器 13点
レターサイズ　64ページ
既刊

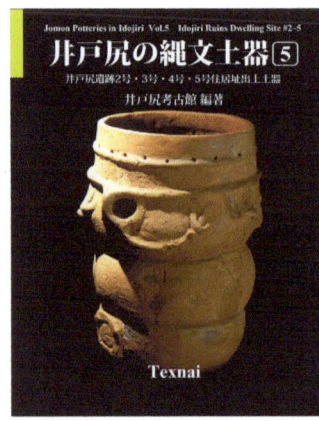

第5巻
井戸尻遺跡2号・3号・4号・5号住居址出土器 11点
レターサイズ　64ページ
既刊

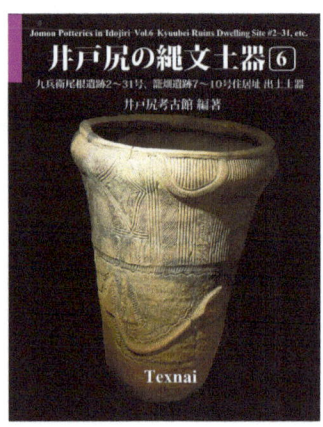

第6巻
九兵衛尾根遺跡2〜31号、籠畑遺跡7〜10号 14点
レターサイズ　64ページ
既刊

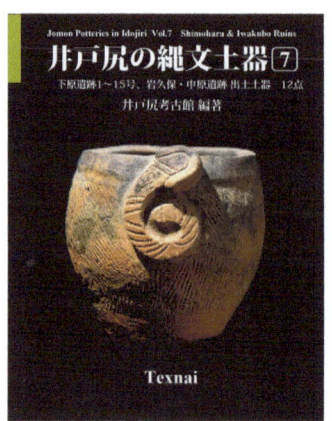

第7巻
下原遺跡1〜15号住居址、中原、岩久保遺跡出土土器レターサイズ
68ページ
近刊

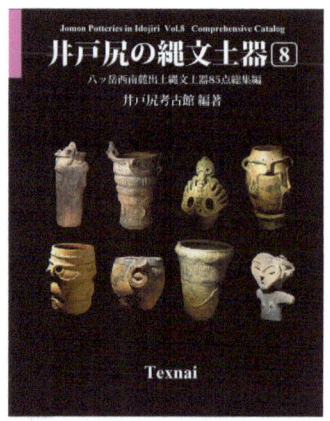

第8巻
井戸尻の縄文土器　総集編85点
レターサイズ　448ページ
近刊

※ 近刊のページ数、内容・掲載土器点数は予告なく変更される場合があります。

編著：長野県富士見町井戸尻考古館　　発行元：株式会社テクネ　〒211-0051　神奈川県川崎市中原区宮内 4-7-3-505　info@texnai.co.jp